БОРИС САНДЛЕР

В ОСКОЛКЕ ЗЕРКАЛА

СТИХИ РАЗНЫХ ЛЕТ

ПЕРЕВОД С ИДИША
МИРРЫ МОСТОВОЙ (БЕРЕЗИНОЙ)

ПРЕДИСЛОВИЕ
ЛЮДМИЛЫ ГОЗУН

*Yiddish
Branzhe*

НЬЮ-ЙОРК
2024

Борис Сандлер
В ОСКОЛКЕ ЗЕРКАЛА
СТИХИ РАЗНЫХ ЛЕТ

Boris Sandler
IN A SPLINTER OF A MIRROR
POEMS FROM DIFFERENT YEARS

Перевод с идиша Мирры Мостовой (Березиной)
Дизайн и вёрстка – Борис Будиянский (Нью-Йорк)
На обложке: Натан Альтман. Синий пейзаж, 1912

Printed in the United States of America

В книге использованы работы
художников «Культур-Лиги» (קולטור־ליגע) ~
объединения еврейских художников, писателей,
режиссёров и издателей (1918),
созданное в Киеве для развития культуры на идише.

СОДЕРЖАНИЕ

ПРЕДИСЛОВИЕ

Поэтический сборник Бориса Сандлера «В осколке зеркала» назван так не случайно. В этом названии – неисчерпаемость смыслов: в осколках зеркала можно увидеть и обрывки снов, и воспоминания о прошедшей жизни, и отражение реальности – все эти значения по-разному преломляются в поэтических циклах, отражая разные грани единого творческого замысла.

Книга открывается циклом «Апокрифы». Известные библейские сюжеты и образы не просто будят авторское воображение – они дают ключ к пониманию событий, происходящих в современном мире. Так, трагедия горящих в Нью-Йорке небоскребов уже была предсказана во сне праотцу Иакову, а те, кто закладывал Священные ворота Иерусалима, словно прокладывали путь к грядущим достижениям израильского хайтека.

Смелость и оригинальность в интерпретации знакомых мотивов и образов отличают творческий подход Б. Сандлера от сложившихся стереотипов. Если по форме его поэзия тяготеет к классике, то содержание нередко вводит читателя в эпоху постмодернизма, когда отдельные детали и фрагменты реальности, кажется, перемешаны в произвольном беспорядке. Например, в молодой израильтянке («Юдифь в Иерусалиме») можно узнать Юдифь, ведущую беседу с Олоферном по мобильному телефону, а возлюбленная Мафусаила («Секрет Мафусаила») сбегает с боевиком из Хамаса. Но все же от поэзии постмодернистов автора отделяет главное: трагическому восприятию мира как Хаоса противостоит гармоничная и цельная личность поэта, способного вернуть в мир утраченное ощущение Красоты и Порядка.

У Сандлера-поэта лирическое и эпическое начала тесно переплетаются. Сюжетная основа в стихах не просто эмоцинально окрашена – художественный образ зарождается и развивается как авторское переживание реального или вымышленного события, это чувство передается читателю и ведет его к катарсису. В стихах всегда явственно ощущается присутствие самого автора – отчетливо проявляется его отношение к тем поэтическим картинам, которые возникают перед глазами читателей. Порой автор плачет, вспоминая тех, к кому история была так немилосердна, порой ему хочется вмешаться в известный сюжет, например, спасти дочь Иефая – («Дочь Иефая»), предотвратить трагедию.

Для творческого метода Сандлера-прозаика характерна способность сближать и сопрягать далекие эпохи и века. Но в поэзии – в отличие от прозы – время сжато особенно плотно. Автор пытается осмыслить еврейскую историю в целом – он ищет место и ракурс, позволяющие увидеть вечное одномоментно: то он видит даль веков на дне колодца, где по дну бредут шеренги рабов, угоняемых в Вавилон («На дне колодца»), то история уподобляется цирковой арене, где клоун кнутом подгоняет актеров, то матрица времени вплетена в ту паутину, которой по велению Всевышнего был спасен будущий царь Давид, а позже отпечаток этой же матрицы появляется на листке из Гемары у автора в электронной почте. По существу вся история – это театр, созданный Богом, где есть лишь один драматург. Но в этом театре Поэт не пассивный зритель, а человек, отважившийся спорить с Творцом. Порой кажется, что Поэт претендует даже на роль Режиссера в великом замысле Создателя: «О Боже, ты творец великих драм... Но режиссера труппе не хватает». В любом случае, как бы ни распределились роли в великой исторической трагедии, читатель не сможет остаться равнодушным к представлению, когда с самим Драматургом спорит Поэт-Режиссер!

Поражает та творческая смелость, с которой поэт изображает Всевышнего, снимая с него ореол святости. Создатель предстает то равнодушным наблюдателем («Суд в Содоме»), то жестким счетоводом, спокойно обрекающим тысячи людей на гибель, то художником, который любуется землей, как воздушным шариком... Легкая ирония порой перерастает в гротеск – уж если Б-г подобен бухгалтеру, то почему бы хмельному Мойше не возомнить себя Великим Учителем Моисеем? («Фокусник-Мойша»). Впрочем, характер Творца, как и других персонажей, у автора сложен и противоречив. Иногда Творец милосерден, а иногда подобен ребенку, который и сам не понимает, что творит («Он и дитя»).

Сочетание музыкальности стиха с пластичностью и зримостью образов – важная особенность творческого почерка поэта. В этом он следует самим законам Бытия, потому что свет и звук Создатель подарил миру одновременно («Свет и звук»). Не случайно Девятая симфония Бетховена вызывает у автора ассоциации с расходящимися по воде кругами («Круги»). Звук скрипки или дудочки еврейской незримо растворен в мелодии стиха, а пейзаж, возникающий как картина, начинает оживать под звуки оркестра, где листья кружат в волшебном танце па-де-осень, и в одной поэтической картине присутствуют Ренуар и Петипа («Па-де-осень: октябрь»). Изобразительное мастерство проявляется то в создании зарисовок, близких к реальности, то напоминает живопись импрессионистов, в которой цветовая гамма и настроение важнее внешнего подобия.

В поэзии Б. Сандлера художественность поэтической формы соответствует глубине и богатству содержания. В его стихах органически сочетаются свежесть и острота восприятия реальности с лиризмом и глубиной мысли, анализирующей и оценивающей не только прошлое, но также настоящее и будущее.

Во втором поэтическом цикле автор обращается к краеугольному камню каббалистических знаний – учению о «10 Сфирот». По существу 10 Сфирот – это высшие Понятия, ведущие к постижению законов мироздания и к сближению с творцом. Знакомясь со стихами этого цикла, читатель вновь задумается над смыслом таких духовных ценностей, как Мудрость, Понимание, Милосердие, Мощь, Красота, Величие и др. Хочется обратить особое внимание на глубину и оригинальность интерпретации важнейших теологических понятий в стихах Б. Сандлера. Абстрактные умозаключения наполняются конкретным содержанием и, не теряя своего философского значения, как бы обретают материальную оболочку. Никого не оставит равнодушным образ рожающей женщины, изображенной как воплощение красоты и величия. То, что в традиционном сознании в течение многих веков представлялось животным, низменным началом человеческого существования, в стихах Б. Сандлера предстает как проявление подлинной духовности и высшего смысла жизни. Воспевая красоту человеческой плоти и живой природы, автор утверждает идею гармонического единства материальной и духовной основ бытия.

Представление о единстве прекрасного и трагического в мироздании пронизывает стихи, вошедшие в цикл «В осколке зеркала». Жизнь трудна и коротка («Жизни петля»), но утешает то, что, придя к завершению пути, человек как бы начинает жить сначала («На круги своя») – не случайно в одном осколке зеркала может быть видна вся жизнь – «Как море может отразиться в капле» («В осколке зеркала»). Порой жизнь кажется лишь грудой осколков, но разрозненные фрагменты бытия поэт стремится склеить воедино и найти законы Божественной Гармонии – и в Торе, и в искусстве, и в природе, и в любви.

Желание воспроизвести окружающий мир объективно, во всей его сложности, особенно ощущается в лирическом цикле «Нью-Йорк», где точность наблюдений сочетается с характерной для поэтического стиля Б. Сандлера метафоричностью и образностью. Описание Нью-Йорка напоминает широкую движущуюся панораму: сначала общий план – взгляд сверху вниз на город, зажатый между двумя реками, затем взгляд – снизу вверх на крыши небоскрёбов, а потом снова вниз – туда, где на улицах и площадях мегаполиса кипит и бушует жизнь. Череда ярких метафор и образов, как разноцветные бусы, нанизана на причудливую нить повествования: небоскрёбы – «рать», стоящая на вахте, плоские крыши – это место, где могут «облака передохнуть» и солнце «печет дни, как пиццу итальянцы», а вот поэтический образ, похожий на драгоценный камень – «...стекла – зеркала, глядится, пробегая в них весь свет – кривляется, как обезьяна, веселится...» («Прогулка в канун 5770 года»). В Нью-Йорке царит праздная суета и жизнь подобна призрачному карнавалу. И, как положено на карнавале, человек и собака меняются ролями: бездомный человек ведет собачье существование, а собака испытывает человеческие чувства – пёс гуманнее людей («Бездомные в подземке»). Оригинальный метафоризм в поэзии Б. Сандлера, как правило, сочетается с традиционно еврейскими мотивами, так что если Нью-Йорк яблоко, то бесконечные городские кварталы напоминают пчелиные соты, где можно вкусить и меда, и горечи, как на Рош-hа-шана (еврейский Новый год).

Необозримое богатство идиша, его глубокая связь с еврейскими традициями отчетливо проявились в цикле «На дудочке еврейской». В нем обыгрываются мотивы народных песен, прибауток, детских игр. Остроумная игра со словом дополняется шуточными сюжетами – в них традиционная путаница и неразбериха окрашены юмором, при этом рядом неизменно присутствует капля еврейской печали. Через многие стихи проходит тревожная мысль о судьбе идиша. Но поэт верит в бессмертие языка, потому что это не только язык воспоминаний, но также язык великой литературы – язык, на котором и сегодня поются песни любви.

Особенно хочется отметить замечательную работу переводчика – Мирры Мостовой (Березиной), которая в переводах стремится максимально следовать оригиналу. Это позволяет и нам воспринимать стихи, включенные в сборник, как точное следование авторскому замыслу.

Людмила Гозун

АПОКРИФЫ

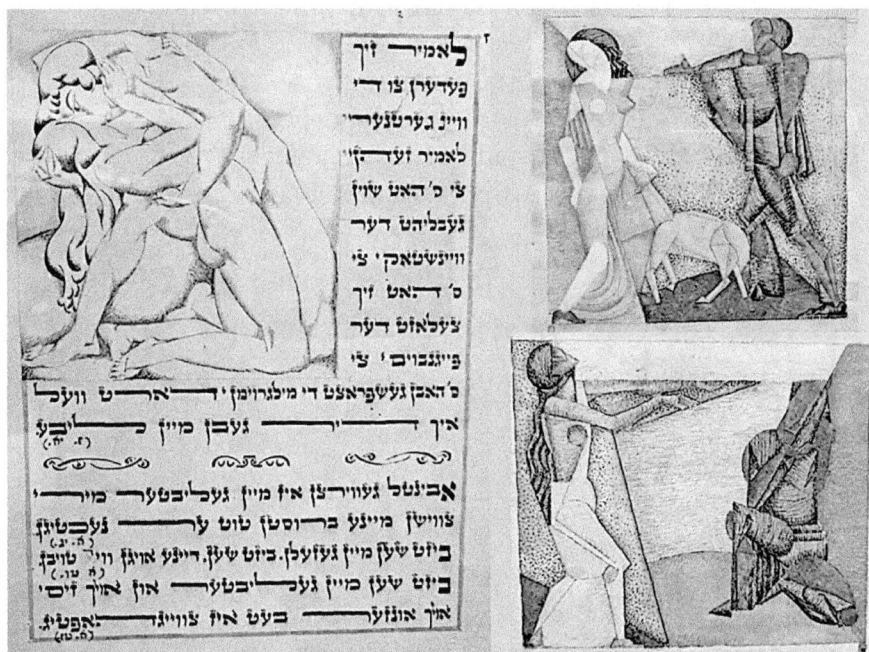

Иосиф Чайков (1888-1979), иллюстрация к «Песнь Песней»

СВЕТ И ЗВУК

Луч света тьму кромешную прорвал,
И звук глухую тишь разбередил;
Так Бытие всевышний сотворил –
И завертелся жизни карнавал.

Луч засиял то ярче, то нежней,
Звук подарил святое слово навсегда!
Но чернь растратила впустую дар
И утопила ликование в вине.

В крови, обмане корчится земля,
Как будто был тот луч острей ножей.
У арфы струны лопнули уже,
И близок Мир к кончине Бытия.

ДОЧЬ ИЕФФАЯ

И дал Иеффай обет Господу и сказал: если Ты предашь Аммонитян в руки мои, то по возвращении моём с миром от Аммонитян, что выйдет из ворот дома моего навстречу мне, будет Господу, и вознесу сие на всесожжение.

Суд. 11:30,31

Порою в глубь времен проникнуть я хочу,
Хоть всякий раз исход сюжета знаю,
В пространстве временно́м я мелом круг черчу
И мысленно в его слои я погружаюсь.
Себя увидел я в краю далёком, странном,
И там на тропке узенькой в ущелье
Навстречу девушка идёт – лицом и станом
Прекрасна, как творенье Рафаэля.
«Кто ты, откуда родом, чудное созданье?»
«К какому племени принадлежу? –
В ответ мне нежное голубки воркованье, –
Я Иеффая дочь, ему навстречу первой выхожу».
Её ответ на сердце камнем мне ложится.
Что здесь поделать бедному поэту,
Когда он сам лишь отзвук, малая крупица
Божественного сложного сюжета?

Ночь напролёт на флейте ей играя,
Молил я бога про себя украдкой:
«Будь милосерден, задержи ты Иеффая,
Срази его хотя бы лихорадкой»...
О боже, ты творец великих драм
И твой театр – история людская.
Я дни и ночи проводил бы там,
Но режиссёра труппе не хватает.

НА ДНЕ КОЛОДЦА

Я в детстве заглянул в колодец как-то раз
И вдруг тогда со мной случилось чудо.
Часовщика монокль я будто вставил в глаз,
И даль веков явилась мне оттуда.

Меня к себе манила глубина,
Там радужные блики танцевали,
И как в кино, с зеркальной глади дна
Передо мной виденья представали.

Шеренги шли, их кандалы стучали,
Тела их иссушила злая жажда.
Рабов по трактам вавилонским гнали,
Мечтал о капле состраданья каждый.

Они плелись мимо селений редких,
Где стар и млад, как мог, их унижал,
Бросал в их строй зловонные объедки
И соль в питьё коварно подсыпал.

Перед глазами кадры всё менялись:
Вот гонят новый строй рабов на смерть
И вновь исчадья ада, издеваясь,
Им хлеб отравленный бросают вслед.

Хоть знаю – было это так давно, –
Картины старины меня пугают,
А слёзы капают мои на дно
И страшные виденья – размывают.

ЗАГАДКА СУЛАМИФИ

Отцветшие сады сулят плоды.
Сулят прочитанные книги – мудрость.
А что сулит твой поцелуй?
Мой ум молчит.
Плоды не насыщают.
Твой поцелуй – загадка.
Всё же,
Разгадка на губах твоих лежит.
Я попытаюсь вновь
Найти её.

ТРИ ЗАПОВЕДИ

Не укради! – Но ты мой сон украла,
Теперь ты знаешь всё, а я лишился сна.
Я согрешил с тобой, тебя склонил к греху,
Мы пили вместе яд из одного бокала.

Не возжелай! – Но как же без желаний жить,
Когда из радости и наслажденья Б-г сотворил тебя?!
Ты звездочка в пути, что завела меня
В пещеру, где я смог твои желания постичь.

Не убивай! – Весь мир тому свидетель,
Как луч рассветный убивает ночь...
Поэт греховный песню не допел,
Но, как всегда, убийца был оправдан.

Александр Тышлер (1898-1980), «Лестница Иакова»

СОН ИАКОВА

Ангелы вниз и ангелы вверх –
Связано лестницей небо с землёй.
Только бы им не замешкаться в спуске
И не начать слишком рано подъём.

Спит реб Иаков в прохладной тени
Старой смоковницы. Видит он сон:
Дети и овцы – его достоянье,
Дети – потомки, а овцы – прокорм.
Сон быстротечен, но долго скитанье,
Время клубится, как дым алтаря,
Не угасает огонь – всё пылает,
Не помогают молитвы и жертвы,
Вот уж и лестница вдруг занялась,
Нет, то не лестница, то небоскрёб,
Огненный факел – спасения нет...

Праотец Иаков от сна пробудился.
Тают видения нóчи, как дым.
Небо высóко. Пустыня простёрлась,
Оседлан верблюд – это только Начало.

ФОКУСНИК МОЙША

На цирковой арене фокусник блистал.
Пусть не был богом, полубогом, точно, был.
Велик, как царь, он на манеже правил бал.
Как будто он весь мир в свой лабиринт втащил.

С какой-то сверхъестественною силой
Он публику водил кровавыми кругами,
Возвысившись, там люди идолами были,
И их науськивали становиться псами.

Он купол отворил и небеса разверзлись,
Оттуда сыпались не звёзды – жабы –
На про́клятый народ, все кары бездны –
За жизнь одну не дали ни гроша бы.

Визжала публика – ей щекотало нервы –
И новых трюков ожидала с нетерпеньем,
Ведь это лишь игра, искусные маневры,
Смесь ловкости, обмана, техники, уменья.

Вот фокусник, наш полубог, свой жезл бросил,
Как в гневе грозный царь свою корону,
И семиглавый змей поднялся во весь рост
Пугать толпу, что жаждет зрелищ, крови.

Внезапно выпал град и запылал огонь –
То факелы в руках солдат зажглись.
Парад приветствовал здесь новый фараон,
Все славили его и в верности клялись.

Тут представленье подошло к финалу,
Бравурной музыки затих последний такт...
От голода у Мойши в животе бурчало,
И с вечера бутыль вина была пуста.

АНГЕЛЫ У МЁРТВОГО МОРЯ

У Мертвого моря рой ангелов белых
Спустился с небес, как десант из Цахала.
Их путь утомил, прилегли отдохнуть
И крылья свои на песке распластали.
«Я очень давно в сих краях побывал, –
С печалью сказал самый старый из них, –
Ребенком я был, когда Б-г наш послал
Отца моего вместе с дядей сюда
Два города грешных с землёю сравнять.
Меня любопытство за ними погнало.
Тот ужас я помню до нынешних дней.
Всё – сера и пламя... ни камня на камне...
На славу они поработали здесь!».
Рассказ молодёжь приняла с удивленьем:
«Гонять свои майсы горазд наш старик!»
А он лишь в усы улыбнулся седые:
«И правда, кто в это поверит теперь?!»
Окинул окрестности медленным взором –
Отель на отеле, народу не счесть.
«Я слышал, здесь море людей исцеляет,
Мой Б-г, ты в лекарства грехи превратил!»
Сказал, потирая колени, старик –
Давно его мучил коварный артрит.
У моря пробыв, может, час или два,
Посланники божьи продолжили путь...
Но все же остался приметный их след –
Перо, словно парус, на зыби морской.

НИКЧЁМНЫЙ МИР

Художник вдохновенный, в дни творенья,
Не у мольберта, как привычно, но в берете,
Стоял Всевышний, принимал решенья,
Каким всё будет в созданном им свете.

Он размышлял теперь над сферой – белой,
Как снег, которого пока не сотворил,
Вода повсюду будет – снизу, сверху –
Округло пусть пребудет всё внутри.

Творец поставил мягкой кистью точку,
Отправил в бег бессрочный Бытие.
Вздымались горы, долы распростёрлись
И каждой вещи свой назначен цвет.

Он мастером пейзажа был отменным,
Никто не знал оттенки так, как он.
Он сферу превратил в эдем волшебный,
Что светом неземным был озарён.

Но за спиной художника бесёнок
Кривлялся, рожи строил втихомолку,
Украдкой, изловчившись, в шар воткнул
Цыганскую толстенную иголку.

Свист, будто бы разбойничий сигнал:
«Атас, братва, полундра, рвите когти!» –
Раздался. Шар перед Творцом лежал
Ненужной тряпкой, испустив весь воздух...

Всевышний замер, словно поражённый,
Свой взгляд в пространство с грустью устремив,
А перед ним скукоженный, никчёмный
В пыли валялся мир-презерватив.

СУД В СОДОМЕ

Но кто же сказал, что Содом уничтожен?
Цветут-процветают Содом и Гоморра.
Их знамя, как радуга светится ярко,
Полощет цвета свои в сини небесной.
Литавры грохочут и трубы трубят,
И дробь барабанная всех извещает:
«Сегодня на рыночной площади суд,
Содомский народ свой вердикт огласит!»
Вот тащат обоих несчастных на площадь,
Двух ангелов – крылья обвисли у них...
С похмелья толпа разъярённо кричит:
«Кому нужен суд? – на плаху... и баста!»
«Постойте, у нас демократия всё же,
Не вправе с гостями мы так поступить».
«На дыбу! И кости ломайте им, гадам!»
И в этой толпе, затаивши дыханье,
Глаза прячет старый мудрец Авраам.
Он встречу проспал – виновата блудница,
Попутал нечистый, отведал гашиш...
А там, в горней выси, на небе седьмом
Всевышний сидит, разложил свой пасьянс.
Вокруг ангелочки в божественном хоре
Поют аллилуйя на все голоса:
«Не прелюбодействуй,
не убивай, не укради – аминь!»

МАТРИЦА ВРЕМЕНИ

Агада повествует о том, как царь Давид скрывался от Саула в пещере. Господь послал паука, который плотно заткал вход в пещеру, и посему Саул прошел мимо, решив, что в эту пещеру никто в последнее время не заходил.

Паук старательно плёл паутину
На ветках дней, с тоской гнетущей,
Все имена создателя он чинно,
Вплетал в силки для осени грядущей.

Над липой старою оса жужжала,
Почуяв запах меда из дупла,
Плоды труда чужого пожирала,
В них – дух полей и летнего тепла.

С людскими повседневными делами
Блуждал тогда и я в пространстве этом
Вопросы бытия являлись сами,
Но я не находил на них ответа.

Все трое мы попали в треугольник
Сует земных и будничных забот,
Не истребить его, он и сегодня
На матрице времён ещё живёт.

Как наяву, картину я увидел;
Седая притча, мудрости венец –
Укрыв в пещере пастуха Давида,
На царство наставлял его творец.

Царь разуметь обязан очень много,
Чтобы паук ему лишь одному
Плёл лестницу – в небесный храм дорогу,
И осы были преданны ему...

История вдруг сделала виток –
От древности до нынешнего дня,
Когда увидел из гемары я листок
В компьютере на почте у меня.

Александр Тышлер, «В ловушке времени»

НОЧИ В ИЕРУСАЛИМЕ

Хазарского капля иль капля с Востока
Лицо твоё девичье так украшает?
Вуаль его спрячет от взгляда недоброго.
Иль, может, явить его свету на зависть?
Чьё это наследство – прекрасные кудри,
Как козочек стадо, бегущих с горы?
И грудь – виноградные терпкие кисти,
Голубки две, плоть мою клювиком щиплют.
В глазах утопаю – достались они
От всех поколений прабабок твоих.
Плывёт моё тело на волнах услады,
И вздохи твои его бег подгоняют.
Конец уже близок – я в шаге от рая,
Падение в бездну мне рая дороже...

Ах, жаркие ночи в Иерусалиме,
Холодный за ними приходит рассвет.

ПОСЛЕ ПОТОПА

Радость-радуга взошла –
Торжество воды и света,
Может, явится земля
Хоть на каплю лучше, где-то.

Может, яркий свет луча
Лёд в сердцах людских растопит,
А все беды, всю печаль
Унесёт вода потопа?

Ветер свеж, дышать легко,
Ноах открывает клетку...
Взвился голубь высоко,
Может, принесёт нам ветку?

СЧЁТ

Смертью смерть – бытие...
Г. Лейвик

Сам-один меж хаосом и светом –
Счёт ведёт, задумавшись, творец.
Шесть раз кряду день сменялся ночью –
Есть порядок в мире, наконец.

Два и два – Ной загибает пальцы,
Все в ковчеге к странствию готовы.
Голубь улетел, вернулся с веткой,
Берег близок – жизнь начнётся снова.

Счёт ведёт творец, стучат костяшки,
В бухгалтерии он мастер с давних пор,
Жирных семь коров – все будут сыты,
Тощих семь – всех ждёт голодомор.

Сорок лет – шесть сотен тысяч душ
Из Египта Моисей уводит.
В год пятнадцать тысяч умирает,
Смерть готовит наш народ к свободе.

Кто сочтёт те мириады звёзд,
Что летят на землю с высоты?
Не считай, творец, людей живущих,
Вдруг кого-нибудь пропустишь ты.

ОН И ДИТЯ

У мирового океана на краю
Проворно Он бросал во тьму кусочки глины,
Как на поверхность утренней реки
Ребёнок камешки бросает,
Кругами на воде заворожённый.
Открытие Он сделал в дни творенья,
Что всё живое можно вылепить из глины,
И радовался на рассвете мира, как дитя,
Что взгляд не может оторвать
От волн, и круг за кругом их считает.
Глаза божественно сияли,
И сердце у ребёнка – ликовало.
Вдруг тьма разверзлась, и оттуда потянулась
Тонюсенькая нить невиданного света.
И сверху глас раздался: «Это хорошо!» –
И нёсся глас сквозь время и пространство.

«О, как красиво это!», –
Шептало зачарованно дитя,
Гроза уже ждала на горизонте.

ЮДИФЬ В ИЕРУСАЛИМЕ

После того, как войска ассирийцев осадили её родной город, она нарядилась и отправилась в лагерь врагов, где привлекла внимание полководца Олоферна. Когда он напился и заснул, Юдифь отрубила ему голову и принесла её в родной город, который таким образом оказался спасён.

Её узнал я... Иерусалим.
«Сад колокола» – Ган-а-Паамон.
Она сидела рядом,
Смотрелась в зеркальце.
В искусстве макияжа, видно, дока:
В её умелых пальцах кисточка мелькала
И острым мягким язычком
Вылизывала веки и уголки прекрасных глаз,
Потом скользнула к носу, к подбородку,
Как будто бы смахнуть хотела злые чары.
С колен из сумочки плетёной
Она достала краски
И, обмакнувши в красную свой палец,
Легонько по губам им провела.
Волос своих ладонями коснулась –
Как два крыла вороньих вкруг лица её –
Она одно крыло убрала со щеки,
За ухо завела – как путь обозначая,
Ведущий в Изреельскую долину...

Сомненья нет, под ясным небом,
За миг до сумерек
Со мною рядом, в Ган-а-Паамоне
Юдифь явилась,
Когда же колокол нам возгласил,

Что наступает час молитвы в городе святом,
Внезапно показалась женщина вблизи,
На голове её повязан был платок,
Как у служанок в Ветилуе.
Увидев женщину, моя соседка заспешила,
Из сумки вынула мобильник,
И быстро номер набрала.
Услышал я: «Хелло, мой Олоферн,
Хоть голове твоей не до меня,
Но всё же... Где? О'кей!
Отель «Кинг-Джордж», да, через полчаса... бай, бай» –
Ушла Юдифь, за ней служанка,
А я один остался на скамье
С моими странными виденьями и думой:
Уж сколько раз судьба народа моего
Зависела от женской красоты?!

В МЕСТЕЧКЕ ЛУЗ

Луз – мистический город в Эрец-Исроэль, где люди живут вечно.

В местечко Луз, которое открыл наш праотец Иаков,
Заехал я однажды по ошибке;
Я выбраться оттуда поспешил...

Ничем тот городок не отличался
От сотен местных маленьких местечек.
То тут, то там зелёные подворья,
И электричество подведено.
Но что меня повергло в размышленье –
Там не было ни шороха не слышно:
Не лаяли собаки,
И козы онемели,
И двери не стучали,
И люльки не скрипели...

Как же так могло случиться,
Что пядь земли, местечко Луз –
И есть то место, где на самом деле
Всевышний смертным людям даровал...
(Не угадаете, как ни трудитесь) –
Бессмертье?!

Ни болезней, ни нужды,
Ни похорон здесь не бывает,
Вверху, насколько видит глаз,
Сияет небо голубое,
Покой и тишина вокруг
Царят до горизонта...
Так где ещё найдёте вы
Покой в земле еврейской?

И вдруг в моём мозгу сверкнула мысль –
Отсюда изгнаны все старожилы –
Такое ведь не раз происходило.
Из дома изгнаны со всем их скарбом –
Козой, собакой, даже люлькой.

Ответа я тогда не получил
И поспешил местечко Луз покинуть.
Намного позже, кажется, в Нью-Йорке,
Услышал я слова: «Да ты что, лузер?» –
Наверняка, речь шла о месте – Луз...

Теперь я понимаю, почему
Не просят люди вечной жизни боле:
Ужель средь бела дня захочет кто
Прослыть нулём без палочки, беднягой,
Возможно, только житель городишка Луз,
Что означает, боже упаси, шлимазл*.

Иссахар-Бер Рыбак (1897-1935), «Местечко Луз»

* *Шлимазл (идиш) – неудачник*

КРУГИ

На водную гладь с неба камень упал,
Быть может, не камень, частица миров,
Что Б-г сотворил и во гневе разрушил...
А я в это время Бетховена слушал,
Пластинку — Девятой симфонии запись.
Тот камень, иль часть неизвестного мира,
Круги на воде породил – всё шире

и шире...

И в такт им игла моего граммофона
Чертила бороздки-круги на пластинке –
Всё уже и уже, до всплеска: «Die Menschheit»!*
Круги на воде расплылись и пропали.

---

* *Die Menschheit (нем.) – человечество*

ПОЗНАНИЕ

Твой взгляд мне многое сказал...
На поводке меня ты, как верблюда,
В свою генизу* привела.

В былом, ушедшем черпали мы смысл,
Шептали незнакомые слова,
Но их значенье было нам понятно,
Витала музыка мгновений нашего блаженства
И вторила объятьям рук и ног –
Нам тайну Евы и Адама раскрывала.

Шуршали обветшалые страницы –
Истёрты в них зачитанные строки –
Тихонько ветерок ночной их шевелил,
А мы с тобой упрямо, опьянённо
Пытались свою жажду утолить.

---

* Гениза (др. евр.) – место хранения пришедших в негодность священных текстов

СЕКРЕТ МАФУСАИЛА

Мафусаил – библейский герой,
который прожил 969 лет. Дед Ноя.

Был сед, и слеп, и глух уже Мафусаил,
Когда девицу он под старость полюбил,
Красавице раскрыл костлявые объятья,
Пошёл на рынок наш Кармель купить ей платье.

Прекрасной барышне понравилась обновка –
Отличный цвет, да и сидит она так ловко.
И чмокнув старца в щёку, жалобно вздыхает:
«К такому платью новых туфель не хватает».

Красотка требует, ну так тому и быть! –
Пришлось и туфли для комплекта ей купить.
Нарадоваться на неё старик не мог –
Как щедро наградил его премудрый Б-г!

Без грусти не могу продолжить свой рассказ,
Сбежала с шейгецом* (бандитом из ХАМАС**)...
И весть ужасная в округе разнеслась:
«Красавица была шпионкой – вот напасть!»

Что было нужно ей в постели старика?
Об этом знает лишь ШАБАК*** наверняка.
Но что незыблемо – вовек из рода в род –
Живёт и здравствует еврейский наш народ!

---

* *Шейгец (идиш) — нееврейский юноша*
** *Хамас — исламская террористическая организация*
*** *Шабак (שב"כ) — общая служба безопасности Израиля*

ИЕРУСАЛИМ В ТРЕПЕТНЫЕ ДНИ

Пустыне внемлет Иерусалим,
Песка шуршанью под стопой верблюда,
Что на горбу сквозь поколенья
Качает времени седого колыбель.
Напев унылый бедуинов
Волочится зелёной нитью;
Запечатляет связь времён
Призыв к молитве муэдзина.

Страницы старины Иерусалим,
Нанизывает на Мигдаль Давид*,
Так счетовод костяшками стучит,
Былых деяний подводя итоги.
По вечерам слепящий свет огней
Являет миру достижения «Хайтека»,
Вероучений треугольник дерзко
Отодвигает в угол потемней.

Внимает Б-гу Иерусалим,
Судьбою мучеников сотен поколений,
Слезой прохладной на святых камнях
И эхом голосов далёких предков.
Заложены священные ворота
И тонет правда в сумерках, в тени...
Не дай же разделить своё наследство.
И святость древних букв своих храни.

---

* *Мигдаль Давид (ивр.) — башня Давида*

МОГИЛА ИОСИФА

Все уголки Египта тщетно исходил он,
Посланник Б-га, Моисей-пророк, опять
В пустыне бродит, ищет Иосифа могилу,
Чтоб прах его в родном краю земле предать.

Измучен и жарой, и тяжестью обета –
Не покидать останки на чужбине,
По сторонам глядит, не явятся ли где-то
Следы могилы, спрятанной доныне.

Вблизи от Нила видит он домишко,
У входа древняя старушка появилась.
И притчу старую он от неё услышал
О том, что много лет назад случилось:

«Сказали маги фараону: "Знай же –
Чтобы евреи из Египта не ушли,
Ты схорони останки Иосифа подальше,
Их унести с собой они ему клялись".
В железный ящик положили их тогда,
И ящик поглотила нильская вода».

Услышал Моисей слова слепой старушки,
И к Нилу обратился он с мольбой такой:
«О Нил, на всех вокруг наводишь ужас,
Черна вода от крови пролитой людской,
Но помнят люди о твоих деяньях добрых,
Ты спас ребёнка – знаю я не понаслышке.

Будь добр, отдай останки моему народу,
И стар и мал век славословить тебя будет...
Их предадим земле, где был он в рабство продан.
Верни нам цадика*, яви ещё раз чудо!».

Свершилось: внял суровый Нил молитве,
Привёл Мойсей народ к свободе долгожданной...
Но больно знать, что предкам двум великим
Могилы не нашлось в земле обетованной.

Гробница Иосифа в Шхеме

---

* *Цадик (идиш) — праведник*

ПАСТУШКА В ВИНОГРАДНИКЕ

Я в виноградники забрёл вечернею порой,
До горизонта шли кусты высокие рядами,
Их солнце освещало предзакатными лучами,
Дарило блики золотые щедрою рукой.

Я пригляделся: как рубины, ягоды алели
На гроздьях винограда в сочной зелени густой,
Их запах приманил сюда пчелиный жадный рой.
И строфы новых песен у меня в душе звенели.

Навстречу мне походкой лёгкой – будто это сон,
Пастушка милая идёт в кругу подруг своих,
Напевы старые слышны – так много неги в них,
И, как когда-то юный царь библейский, я пленён.

Пришли. Корзины сняли с плеч, плетёные из ив,
Все гроздья высыпали, и на гору ягод спелых
Взошли и мяли, и давили их ногами, смело
Заткнув за пояс полы юбок, бёдра обнажив.

Сок плещется, пока он муст, а не вино ещё,
Он тело девичье жжёт брызгами, волнует;
И кровь кипит, горят желанья – будь что будет,
Пьянит меня и будоражит так же, как и пчёл.

Со мной пастушка эту ночь была после заката.
Исцеловал я ей и щиколотки, и колени.
Как над вином, над ней произносил благословенье
И песни для неё я пел, как Соломон когда-то.

ДЕСЯТЬ СФИРОТ
ИЛИ
10 СИЛ ДУШИ

Борис Аронсон (1900-1980), «Знаки Зодиака»

ВЕНЕЦ

В раннем детстве, ещё до творенья,
Бог любил поиграть с ветерком,
Что трепал его светлые кудри,
Нежно, ласково их шевелил.
Вместо лошади солнечный лучик
Неуёмный шалун оседлал,
Поскакал в облака, заблудился
И господний Венец потерял.
Так расплакался кроха от злости,
Разревелся, затопал ногами,
Что из носа зелёный пузырь
Полетел и в пространстве повис.
«Погляди, сотворилось там что-то, –
Сам себе Бог-ребёнок сказал –
Жаль, что некому здесь оценить,
Объяснить, что же это такое?»
Засмеялся и с детским восторгом
Шар забросил он в дальние сферы,
Чтобы в будущем мир сотворить.
Ну а сам, как и всякий ребёнок,
Позабыл про досаду и злость,
Отыскал он Венец свой господний
И погнался за ветром вскачь.

МУДРОСТЬ

Гром с молнией – и Мудрость появилась,
От пут земных она освободилась.
За кругом круг бродила, изучала,
Повсюду любопытный нос совала.
Тут возмутился терпеливый Б-г:
«Ну как кому-то я позволить мог
В божественную кухню сунуть нос
И за вопросом задавать вопрос?»
Но Мудрость оказалась непокорной,
Пыталась всё понять она упорно.
Вестимо, Мудрости всё надо знать,
Делами человека управлять.
Теперь Создатель вышел из себя:
«Ты думаешь, что ты умней меня?»
Послал на Землю молнию и гром
И запер Мудрость в клетку с петухом.
Вот на заре петух зовёт нас в путь
За Мудростью, проникнуть в её суть.

ПОНИМАНИЕ

Ещё с шестого дня Творенья,
Когда вдохнул Всевышний душу
В неловкое созданье, в истукана,
И возгласил: «Иди, будь человеком!»
Меж ними тлеет свара без конца.
Легко сказать: «Иди, будь человеком!»
И в путь дитя отправить, сына,
Нагим, не дав прикрыть свой стыд.
Веками длится путь непониманья,
Разлада, неприятья – так бывает
Меж сыном и отцом.
Нет в этой сваре правых,
И виноватых нет.
Сменяются века и поколенья,
Но выше гор претензии растут.
И оба непреклонны, будто скалы,
Последние попытки примиренья,
Как волны, разбиваются о них.
Не помогают ни молитвы, ни угрозы.
Б-г отказался человека понимать.
Как может человек Всевышнего понять?
Удастся ли ему уразуметь?
Иль будет свара длиться бесконечно?
Кто знает, может, в этом поединке
И коренится смысл бытия...

МИЛОСЕРДИЕ

В лаборатории своей небесной
Создатель составлял любые смеси
(Мы вам должны поведать – в молодые годы
Экспериментами он увлекался всласть).
В дымящийся вулкан, к примеру, будто в ступку,
Бросал страданья, зависть и враждебность...
Кто знал, что это в сочетанье даст
Такой ужасный сплав, пылающую лаву, как война?!
Но ведь и вправду очень любопытно –
Единственная капля доброты
С такою силою не трогала бы сердце,
Когда бы море ненависти, зла
Не отравило тело.
А как-то раз творец в пустыне жаркой,
На этой раскалённой сковородке
Рассыпал правды семена...
И с той поры всяк, к правде прикоснувшись,
Язык свой обожжёт, лжецу на посмеянье.
Вот случай был другой, другое чудо:
Он в чёрную пучину равнодушья
Забросил милосердия звезду –
И ждал – что будет дальше,
До боли уши навострив.
И через мириады лет
(Для Бога мириады лет – мгновенье!)
Послышалось тонюсенькое – «Дзинь...».
И сердце молодое
Забилось радостно:
«Ну, слава Богу, равнодушье не бездонно!»

МОЩЬ

Где есть хоть капля света и тепла,
Жизнь нарождается мгновенно.
Случилось это и с зелёным шаром,
Что во вселенной появился.
Во чреве шара, затаив дыханье,
Способности стихий впитала в себя Мощь.
Училась у огня – из искры возрождаться,
Училась у воды – сметать с пути преграды,
У ветра – разгуляться без предела,
У веры – выстоять, не пасть.
И Мощь с тех пор всегда
Спешит гасить бушующее пламя,
Стеною преграждать разгул воды
И успокаивать порывы ветра,
Когда он вихрем налетит, и к морю гнать его –
Пусть парусами там играет.
Когда ж, не дай Господь, случится бойня,
Как ветер, ненависть огонь раздует,
Затопит землю кровь людская,
Тогда на помощь слабым Мощь приходит
Даёт им веру – выстоять, не пасть.

КРАСОТА

Что это значит – Красота?
Спросите у слепого – он секрет хранит,
Как райский страж
Блюдёт душ чистоту.
Он кожей ощущает красоту,
Он кончиками пальцев,
Нейронами их, шлёт сигналы
В свой мозг, лишенный света.
Лишь он один умеет оценить
Всю прелесть темных красок ночи,
Когда малейший шорох, дуновенье
Вам нервы напрягает, будто струны
В нетронутом доселе инструменте,
Чтобы услышать, где же зародился
Невинный, тихий, ласковый напев.
Слепого вы спросите,
Где пролегла дорога к Красоте,
И следуйте за ним, оборотившись в тень,
Ощупывая землю вместе с посохом его –
Его поводырём, его зрачком.
И он вас приведёт,
Того не ведая, что он уже у цели,
Осталось сделать лишь последний шаг,
Чтобы достичь её...
Тогда вы, зрячие,
Не вмешивайтесь,
Не мешайте ему ступить
Последний шаг с горы.
Вниз падая,
Он вверх стремится
К желанной цели – Красоте,
Которую во тьме искал, блуждая.
Ему был путеводной нитью тонкий луч.

ВЕЧНОСТЬ

Ах, как бы в сети вечности хотел я
Поймать ещё хотя бы жизнь одну
И наново теперь соткать
Той жизни полотно,
Сплетая год за годом.
Быть может, я бы всё соткал иначе?
Не ведаю!
Родителей не мы ведь выбираем,
Тем более, таких отца и маму
Я пожелал бы всем своим потомкам
На много поколений.
Так что же – наново?
Ужель не стал бы я играть на скрипке,
Боясь, что требует упорного труда –
Добиться чистого звучанья
И выпросить себе хоть уголок
Пусть на галёрке музыкальной?
И даже боль была сладка
Любви неразделённой,
Что с суженой меня свела –
Единственной моей.
Могу ли отказаться я
От языка моих раздумий,
Которому народ мой изменил
И этим обокрал себя он самого.
Прости меня великодушно, Вечность,
Что шанс мой, золотую рыбку
Я отпускаю.

Капли моей крови будут жить
В сынах моих и их потомках,
И звуки моих слов
В разноязычном хоре
Когда-нибудь услышат
Наследники мои –
Не онемеет ведь наш мир.
Уверен я:
Служенье не напрасно,
Как нет пустых молитв,
И будет каждый звук увековечен
От дней творенья и до наших дней.

Борис Аронсон, «Менора»

ВЕЛИЧИЕ

Как два крыла, две белые ноги –
Она в родильном кресле
Простёрла за минуту до полёта
К тому величью, что лишь женщине
Дано его достичь, приобретая
Именование святое – мать!
И с криком, с болью,
Дарованной ей Богом,
Она искала путь к освобожденью
От божьего подарка, от плода,
Что у себя под сердцем,
Как горб, носила, как проклятье
За первородный грех –
Звено в цепи несчётных поколений.
Едва раскрылось её чрево,
От плоти материнской отделился плод...
Планета оборот свершила снова –
И в вечности прочерчен новый круг.

ОСНОВА

Творенье Господа – зелёная планета
В просторах космоса простёрлась
Во всей красе и прелести
Цветущей молодости зрелой,
Она позёвывала в неге сладкой,
Доселе ей неведомой,
Далёкие светила, как юнцы,
Подмигивали дерзко ей.
Сверкающей серебряною пылью
Окутывал планету лунный свет
В волшебной тишине, как будто звуки
Дыханье затаили,
Видением очаровавшись дивным.
Внезапно, лишь в одно мгновенье ока,
Покой божественный нарушен огненным копьём.
Тугое остриё оно вонзило,
Внедрилось с силой глубоко
В её податливую плоть.
И крик короткий, страстный,
Крик муки, боли, и безумного восторга –
Предвестье счастья женского –
Услышала округа, откликнулась,
Как должно, как бывало
В заброшенных местечках:
«Успешно, в добрый час!»

ЦАРСТВО

То не секрет, и всем известно это,
Что царство делает царя тем, что он есть!
Куда ни глянь...
Блоха, к примеру, как царица в царстве,
Повсюду скачет и кусает,
Творит, что вздумает сама!
А поглядите на слона,
Он антипод блохи,
Гора на четырёх столпах, гигант
Ступает гордо всюду.
Среди зверей он царь,
В чём власти сласть?
Он в речку грязную спешит
Спасаться от укусов блох!
На человека посмотрите –
Ведь он венец творенья –
Ему и быть царём над всеми;
Есть ноги у него,
Два глаза
И руки хваткие, и быстрый ум...
Он получил от Бога в дар
Для воцарения основу –
Священных заповедей десять ...
Ему всё мало,
Кричит: «Хочу ещё!»
Что ж, получи ещё и список добрых дел,
Купи себе за них и мир загробный.
Но снова слышит Бог: «Мне мало!
Ты дал мне землю,
Своё творение,
Здесь правлю я,
И царство это всё – моё!»
«Ну, хорошо... Да будет так! –
Сказал Творец –
Но знай царь-человек,
Когда придёт твой смертный час,
От царства твоего тебе в земле
Останется локтей лишь девять в глубину».

НЬЮ-ЙОРК

Борис Аронсон, «Мегаполис»

ПРОГУЛКА В КАНУН 5770 ГОДА

1

Нью-Йорк, он реками Ист-ривер и Гудзон
Перепоясан и затянут крепко.
Стена к стене, как рать плечом к плечу,
Строения стоят на вахте, как заслон,
Весь долгий путь его – четыре века.
Моя душа по мегаполису блуждала
Разглядывала жизнь его со всех сторон.

2

Нью-Йорк, здесь крыши плоские у зданий
Уставшим облакам дают передохнуть,
Прилечь, прижаться пухлыми щеками,
Прийти в себя, перевести дыханье.
А летом солнце, будто на сковороде
Печет здесь дни, как пиццу итальянцы,
От скал Сицилии подарок привезли
Они народу, что снуёт везде.

3

Нью-Йорк, в огромных стенах стёкла – зеркала,
Глядится, пробегая, в них весь свет –
Кривляется, как обезьяна, веселится...
И посрамлённый убегает по делам.
Там в зеркалах богатства отраженье –
Обожествленье золота, власть денег.
Как бык, огромен золотой телец,
И в честь его несутся песнопенья.

4

Здесь в камни въелось запахов смешенье,
Переселенцы их со всех концов земли
Сюда в мешках убогих привезли,
Сбегая от нужды и от гонений.
Витают образы мечтаний, сладких снов
В пространстве со времён первопроходцев,
Качаются в ночи спиричуэлс
Бесправных темнокожих узников – рабов.

5

Нью-Йорк, бушует, как огонь, сжигая
Дотла в своём котле плавильном
Культуры, языки народов и племён,
Привезенные из родного края.
Быть может, это жертва или дань простая,
Освобожденье иль преображенье;
Ужель от этого мы человечней стали?

6

Мгновенья на Тайм-сквер считают киловатты,
Сгорают день за днём в сияющих огнях...
«Илья-пророк на огненном коне», –
Хасид мне сквирский пояснил когда-то.
Трещит, как в пламени дрова сухие,
Чечётка-степ бродвейских шоу,
И призывает публику к веселью –
Здесь наслаждения не очень дорогие.

7

На «Серкл»-островке столп в роли постамента,
На нём застыл Колумб в небесной синеве,
На одиночество навечно обречённый
В награду за открытье континента.
Нет каравелл, нет бесшабашных экипажей,
Не слышно гула океанских волн,
На якоре он в центре праздной суеты,
Средь небоскрёбов – бессловесных стражей.

8

Блуждает моё «я» неспешно, вольно
Над городом, на блоки поделённым.
Как будто бы на пасеке я в соты
Забрался и застрял непроизвольно.
Отведал я теперь и яблоко, и мёд,
Как делаем мы каждый год на Рошэшонэ*,
Положено и каплю горечи вкусить –
Нью-Йорк, Манхеттен мне её даёт.

---

* *Рошэшонэ (идиш, на иврите — Рош-hа-шана) — еврейский Новый год*

БЕЗДОМНЫЕ В ПОДЗЕМКЕ

Бездомных двое – человек и пёс,
Днём просит милостыню первый, спит второй,
И снятся сны ему собачьи:
Еды немного, тёплый угол,
Чтоб не скитаться без пристанища весь век.
Меняются они ролями ночью –
Собака сторожит,
А человек, приткнувшись в уголке,
Весь погружен в себя, в свой бесприютный быт,
Сны человечьи видит:
Наверно, девушка – красивая, конечно –
Его своими поцелуями согрела,
Всё естество его горит желаньем
И затуманен взгляд,
Неведомая сила влечёт их ввысь,
Они парят вдвоём над полем маков,
На зелени – пылающие брызги,
А в синеве он со своей любимой –
Как им Шагал всё это напророчил...
Вдруг – вспышка,
Молния пронзила мозг его,
Любимая исчезла в одночасье,
Он, как снаряд, летит к земле внезапно
И падает всё в ту же яму...
Лежит на дне, объят тоской и страхом,
И пёс, его единственный товарищ,
Со лба холодный слизывает пот,
Чтоб уберечь его от всех напастей.

КАК ХОРОШИ,
КАК СВЕЖИ БЫЛИ РОЗЫ

Слова из русского романса
Мне вспомнились, когда мой взгляд упал
На принесённый в комнату букет.
И в памяти моей внезапно
Пробудилась фраза:
«Как хороши, как свежи были розы...»

Букет стоял в прозрачной вазе,
Но стены будто он раздвинул,
Меня обманом заманил
На улицы Нью-Йорка
И закружил в старинном вальсе, –
Так ветром сорванный парик
Цеплялся за ноги
Растерянных прохожих.

«Как хороши, как свежи были розы»...
Почудились гитарные аккорды,
Они рассыпались, как лепестки,
Их ветер быстрый ввысь унёс на крыши
Высоких небоскрёбов и затеял
Игру любовную там с ними в вышине,
Пока на небе не взошла луна
И завлекла их в звёздный хоровод.

Угас уж день, ушла с ним суета.
И в свете сумерек вечерних
Цветы из придорожного ларька
Померкли, потеряли свою свежесть;
Казалось, что вода их соки поглотила,
Оставила их в беззащитной наготе,
Как юную невинную невесту
Или скелет окаменевший...
«Как хороши, как свежи были розы»

МОЛИТВА В ПУТИ

Творить молитву можно и в вагоне.
Услышит Б-г её сквозь стук колёс –
Шептала девушка молитву и в Теилим*
Черпала святость мудрых слов.

Ни звука, только шевелились губы,
Так, будто бы она любимому на ухо,
В ночной тиши в минуту сладкой неги,
Секреты райского блаженства поверяла.

Качался поезд, как в молитвенном экстазе,
И в тесноте вагонной толчеи
В стекле окна вдруг огонёк забрезжил,
Несмело разгоравшегося дня.

Прикрыла девушка глаза, как будто
Ответ искала на вопрос – в себе самой...
Над будничным скопленьем пассажиров
Витал невидимый священный лик.

Теилим — псалмы Давида

КАЧЕЛИ-БАЛАНСИР

Весной в нью-йоркском парке поутру
В уютном уголке на узенькой скамейке
Голубки две целуются – одна с другой,
А в небесах над ними на виду у всех
Два облака в обнимку – два влюблённых.
Один Творец, извечно одинокий,
Раздвоенный меж «ней» и «ним»,
Бессмертье разделяет сам с собой.
И кажется, что горизонт вдали,
Качается ритмично от «неё» к «нему»,
Как детские качели-балансир,
Надетые на диск рассветного светила.
Так где же равновесие найти,
Кто может нам устойчивость придать,
Когда в нью-йоркском парке поутру
Голубки две целуются самозабвенно,
И в безмятежном небе над Нью-Йорком
Два облака в объятиях слились?

РОЖДЕСТВО И ХАНУКА

Витает в воздухе Нью-Йорка
      рождественских деревьев аромат.
Смола сосновая, зелёные иголки
      прохожих духом праздничным пьянят.

Витрины – расфуфыренные леди –
      приезжих завлекают в магазины,
Как в Вифлеем, со всех концов земли
      стекаются скитальцы-пилигримы.

Повсюду колокольчики звенят,
      серебряный свой чистый звон роняя,
И падают в копилки медяки,
      о милосердии напоминая.

Над облаками дикие олени
      с санями новогодними летят,
И небоскрёбы, чуть пригнувшись в опасенье,
      настроены на несерьёзный лад.

Судьба толпу людскую заманила
      в преддверье праздника в пустую суету...
Но, ханукальным чудом вдохновлённый,
      навстречу ей через века иду.

Сарра Шор (1897-1981), «Времена Года»

ВРЕМЕНА ГОДА В МОЁМ БРУКЛИНСКОМ ДВОРИКЕ

ВЕСНА: ПУРИМ – МАРТОВСКИЙ ХОРОВОД

Окно раскрыто, нет зимы угрюмой,
Шалом, весна, входи после разлуки
В наш двор, возьми правленье в свои руки,
Свободна ты, гони тоску из дома.

Соседский кот на лавке отдыхает,
Как пух, она после безумной ночи,
Скворец напев свой звонкий, что есть мочи
На все лады сегодня повторяет.

В любовном танце белки друг за другом
Гоняются, карабкаясь на ствол,
Сегодня Пурим сердца к нам пришёл,
Овеян пряностей пьянящим духом.

Мы славим март и ждём его, как друга,
Но не меняется погода сразу.
Как видно, здесь Явдохины* проказы –
Весне навстречу шлёт мороз и вьюгу.

Не победить наш Пурим ведьме злой,
На старом клёне почки набухают...
Раскрыл окно, его не закрываю,
Пусть дух весны витает надо мной.

---

* *Явдоха (баба Докъя) – персонаж из румынского фольклора*

ЛЕТО. В ИЮЛЬСКОЙ ДУХОВКЕ

Июль сыграл со всеми злую шутку:
В духовку превратил мой дивный двор.
Печется в ней и длинная скамейка,
Кусты малины, даже старый клён,
Укутанный корой, как полушубком.
Он крону-шапку сдвинул набекрень,
Как в обмороке, ветки все обвисли,
А листья в ожиданье ветерка
Пытаются в своей тени укрыться.
Вся живность спряталась, таится,
Затишье в полдень в дворике моём.
Вся суета размякла, будто масло, –
Размажь её ножом по ломтю неба;
А мошкара так облепила листья,
Как халу – мак к субботнему столу...
Я у окна стою. Прохладно в доме.
Следит за этим кондиционер.
А кошка распласталась у порога –
Ей в кайф поймать хоть капельку прогресса.
Ночами душными, в кромешной тьме,
То тут, то там, как спички, светлячки
Вдруг вспыхивают-гаснут – ведь у них
Вся жизнь и смерть – всего мгновенье ока.

ПА-ДЕ-ОСЕНЬ: ОКТЯБРЬ

Картина из оконной рамы
Украсила нам стену дома.
Октябрь, как танцор упрямый,
Объединяет все сезоны.

Наш двор наряд, вчера зелёный,
Сегодня золотом расшил,
И всех по почте электронной
На бал осенний пригласил.

Струятся звуки арф в оркестре,
И в па-де-осень* листья кружат,
Так пожелал наш балетмейстер,
В либретто он учёл и лужи.

Лишилось лето власти, силы,
У клёна крона всё бедней,
И сеть плетёт паук унылый
Сырых, промозглых, серых дней.

Стоит скамейка в стороне
И выпадает из сюжета,
Ведь не приходит кошка к ней
Поспать на солнышке, как летом.

В окне моём картина меркнет,
Ушёл со сцены Ренуар,
И Петипа**, мой балетмейстер,
Мне говорит: «Au revoir!»

Спектакль окончен, и софиты
Уж пригасили свет давно.
Ночь входит. Занавес закрытый.
Вползает темнота в окно.

---

* Па-де- (...pas de) – танец в балете
** Петипа, Мариус (1818-1910) – французско-русский балетмейстер

ЗИМА: ЧЁРНО-БЕЛЫЙ ФЕВРАЛЬ

В моём окне открылся мне офорт,
Штрихованный рисунок в черно-белом.
Казалось, клён в углу двора замёрз,
И ветки хрупкие его окоченели.

Вся шевелюра пышная из листьев
Сменилась снегом, клён грустит о ней
И всем нутром мечты и сны былые
Таит в себе, как эхо прежних дней.

Я в чёрных чётких линиях скамейки
Увидел пианино прежних лет –
Закрыта крышка, звук давно развеян,
И ждёт ремонта старый инструмент.

На заднем плане небо, пасмурно и грозно,
Стирает краски светлые с земли,
А ворон с ветки оглашает криком воздух –
Вестей хороших нам он не сулит.

Февраль, как всем известно, скуп на чувства
И вдохновенья он не пробуждает...
Соседской кошке не понять искусства,
Кружками жёлтыми она офорт пятнает.

В ОСКОЛКЕ
ЗЕРКАЛА

Александр Тышлер, «Лица из детства»

СЛОВО

Проснулся я утром и вспомнить не смог,
То слово, что ночью услышал во сне.
Но мучит меня – среди дел и тревог
Неслышно живёт это слово во мне.

Ниссон Шифрин (1892-1961)

ВОЗВРАЩЕНИЕ

При появлении на свет, младенец
Весь мир сжимает в слабых кулачках.
В предсмертный миг разжаты пальцы старика
На холодеющих руках –
Он миру возвращает всё.

БАЛЛАДА ОБ ОРЕХЕ

Я орех расколол, там увидел свой мозг,
Он уложен, как в череп, в скорлупку.
Не у мамы во чреве созреть бы я мог,
Не её бы дыхание слушать.
Среди листьев на ветке, под шум их и шорох,
Я бы рос до поры и свалился бы в короб.

Я немногое помню: весну, лето, осень,
Отчего же мне видится ясно:
Кто-то в землю орешек нечаянно бросил,
И росток вдруг пробился прекрасный.
Напоили его щедро соки земли,
Высоко в небеса стройный ствол вознесли.

А в извилинах памяти с давних времён
Сохранился напев пастуха – он звучал,
Как «Услышь нас, Адойни»* иль «Дойна»**, –
И летел, будто парусник вдаль его мчал.
Овцы блеяли, травку щипали вполсилы,
Слово за слово песня своё говорила...

И однажды пастух, помню я, отыскал
У колодца сокровище – девушку милую,
Ночь укрыла влюблённых своим покрывалом –
Из росы и из пота оно соткано было.
Но заставило утро их снова расстаться,
Ведь пастух без овец, что девица без платья.

А земля велика – и пастух уж далёко,
И осталась протяжная «Дойна» одна,
У колодца расцвёл только дивный цветок...
Ах, Адойни, земля твоя стала тесна.
Убаюкан мой мозг, запорошенный снегом,
Сны тихонько клубятся в таинственной неге.

---

* Адойни — мой господин
** Дойна – румынский и молдавский печальный напев

ВКУС МОЛОКА МОЕЙ МАМЫ

Вина моей мамы, что идиш она
Вливала мне в рот со своим молоком.
Я был недоволен, вертел языком,
Брыкался, ногами сучил и кричал.
Но не помогло – молоко моей мамы,
Проникло мне в кровь, с моей кровью смешалось.
С тех пор навсегда отравил меня идиш,
И нет антидота от этого яда.
Лекарства, пилюли, настои бессильны –
Такое наследство навек мне досталось.
Еврей так устроен – он даже в несчастье
Найдёт каплю радости и насладится.
Хватило и мне малой толики идиш
Печали ушедшего дня растопить.
Стучит в моё сердце, по путаным тропам
Проводит меня эта едкая смесь.
Сегодня тот глух, а другой строит козни:
«Кому нужен идиш – забытый жаргон!»
Да, мама повинна, и я искупитель,
Брыкаюсь и бьюсь, и кричу во всё горло...
Но грешным своим языком я верчу,
И идиш её на губах моих сладок.

ГЕНИАЛЬНОСТЬ

Недолго гении живут на свете,
За божий дар расплата, видно, это.
То ли скупится Бог им дней отвесить,
То ль сатана спешит их сжить со света.

Играет чашами весов творец,
Как будто гения качает в колыбели,
А в преисподней черти, наконец,
Его душою грешной завладели.

Что прошептал, благословляя, Бог,
Какой наказ ему нечистый дал,
Когда изображал геенну Босх,
А Леонардо Мону Лизу рисовал?

У Бога гений дар свой получил?
(Щедрот не раздаёт творец у нас).
Иль сатана тут лапу приложил,
Чтоб завладеть душою на сей раз?

Кто знает, то ли ангела с небес
Послал всевышний – поднести даренье.
А то ли соблазнил коварный бес,
И кровью сделку закрепил с ним гений.

А может нам пора понять давно,
Что бог и чёрт, забыв о неприязни,
Создали вместе это чудо, и оно
Сверкает, будто бриллиант из грязи.

КОНЦЕРТ

Посвящается Евгению Кисину

Усердно, чётко вечный метроном
Ведет счёт времени и ест мгновенья,
Ничто не в силах это изменить — ведь в том
Казалось, нет ни у кого сомненья.
Но почему, когда я слышу звуки,
Что извлекают его пальцы из рояля,
Забыто время? Пианиста руки
Господствуют сегодня в этом зале.
И сам я будто превращаюсь в звук,
И сколько это длится, не дано мне знать,
Но трепет грудь мою охватывает вдруг,
И в море к берегу несет меня волна.
Каким безумным вихрем занесло
Меня в мир бурного круговорота?
«Стейнвей» в экстазе черное крыло
Возносит ввысь, как будто для полёта,
Чтоб струны тонкие бывалого рояля
Раскрыли нам и радость, и печали!
И я лечу за ним — его крыло второе,
Чтобы помочь ему держать баланс —
Дыханье удержать, не дать расстроить
Ритм головокружительного танца...
Раскаты грома прогремели и мгновенно
Повергли плоть мою в реальный мир.
Я снова в зале. И аплодисменты,
Цветы — дань публики кумиру.
И он — обыкновенный человек
С небес спустился к нам, пришёл оттуда,
Но мне казалось — пальцы продолжали бег,
Пытаясь удержать исчезнувшее чудо.

ЖИЗНИ ПЕТЛЯ

Несутся годы наши день за днём –
Так кошки убегают врассыпную,
Разнежившись на солнышке дневном
И вдруг опасность близкую почуяв.

Ты говоришь: смелей иди вперёд,
Не уставай, бери пример с верблюда,
В пустыне силы горб ему даёт,
Молитва-жвачка с ним идёт повсюду.

Своё начало там вдали найдёшь –
Оно в хитросплетенном лабиринте –
Клубок волшебный смело развернешь
Под шепчущие звуки мандолины.

У жизни нет начала, нет конца,
Она петля на шее – нить из шёлка,
Что ангел смерти выкрал у творца
И сдал тебе в аренду ненадолго.

НА КРУГИ СВОЯ

Мать-земля
В муках лежит родовых,
Раскинула ноги-колонны.

Возвращаюсь к воротам, туда,
Где давно был из Рая я изгнан
За то, что узнать захотел запретное.
Лишь разрез – капля крови одна –
И я снова узлом с бесконечностью связан.

Возвращаюсь – дорогу узнать не могу.
Время – червь ненасытный – в скелет
Превратило цветущую юность мою,
Чтобы наши потомки строенье
Изучали: где сердце, где печень, где почки...
Не страшит меня вскрытие это.
Я заставлю их слушать ту песню,
Что любимой когда-то я пел.

Возвращаюсь – и детство босое моё
Мне навстречу бежит, всё в поту, в синяках,
Всё лицо перепачкано, сбиты коленки,
Лишь бы длилась игра
И мальчишки Цыгании* рядом.
Это первая после войны пацанва,
Искры тех головешек,
Уцелевших в пожарищах гетто.

---

* Цыгания – район в Бельцах

День подходит к концу, вместе с ним и забавы.
Детство спряталось где-то
Под листом лопуха...
Только слышу я зов моей мамы:
«Уже поздно, домой! Наигрался!»
Я – у самых ворот,
И слова моей мамы, как эхо,
Долетают ко мне, я дыханье её ощущаю
На усталом лице, как тогда,
При кормлении первом.
Узел жизни моей – распускаю
Испытал я немало, и всё же
Оказалось, что понял так мало.
И придя к завершенью пути,
Начинаю сначала.

Давид Штеренберг (1881-1948), «Натюрморт»

Я ЛЕЧУ К ТЕБЕ, МАМА

Лечу к тебе с Запада, мама, из дальнего края.
В подарок не взял ни вещей, ни цветов, дорогая.

Боюсь я услышать: «Он деньги на ветер бросает!»
Я сказку везу, нам обоим её не хватает.

Случилось всё это со мною сегодня в полёте.
Богов в небесах я не видел в окне самолёта.

На маленьком облачке белом я вдруг оказался,
Ты не угадаешь, кто мне в этот миг повстречался.

Ко мне приближалась, весёлую песнь напевая,
Глазам я не верил – прелестная дочь Иеффая.

Я скромностью песни и танца её очарован...
Но это история грустная, больше ни слова.

Растаяло облачко, новое вышло навстречу,
С холмами, уютной долиной, извилистой речкой.

Смеркалось, пришла первозданная темень и тишь,
Казалось, там твой городок Маркулешты летит.

Как много историй я слышал о местных беднягах –
Шлимазлах сапожниках и неумехах портняжках,

Что жили в нужде и кормили семью кое-как,
Писал о них Мейер Харац, твой известный земляк.

Я слушал тебя, эта быль превратилась в мой сон,
Как жемчуг в колодце, застрял в моей памяти он.

Из жемчуга я соберу нитку бус самых лучших...
Ах, облачко-штетл, зачем же ты прячешься в тучах?

Лечу в синеве и небесные горы меня обступили.
Их будто из ангельских крыльев искусно слепили.

Мне кажется, эту картину я в мыслях твоих повидал,
Когда я незрячий в утробе в блаженстве витал.

Как маятник, сердце твоё отбивало мгновенья,
Взмах крыльев – мой ангел ускорил моё появленье.

И с криком на свет появился в рубашке ребёнок
Отцовский наследник, Генэндл*, твой сын, пострелёнок.

Зима лютовала, а в печке трещали поленья,
«К добру, – повитуха сказала, – в рубашке рожденье».

Течет моя жизнь между жаром и холодом жгучим,
У слова в плену, и с напевом всегда неразлучна.

На Ближний Восток к тебе с Запада я прилетаю,
Сыновняя исповедь сердце моё согревает.

И облачко юное рядом со мной наяву.
Я именем лучшим – Генэндл – его назову.

---

* *Генэндл – женское имя на идише, образованное из двух древнееврейских слов: «ган» и «эден», означающие «рай»*

В ОСКОЛКЕ ЗЕРКАЛА

В осколке зеркала вся жизнь моя видна,
Как море может отразиться в капле.
Играю им, пытаюсь солнца луч поймать,
И в космос устремляюсь без оглядки.
Витаю в космосе, как атом, невелик,
Зрачок впитал всё необъятное пространство.
Вселенские колеса – вѐлик первый мой,
Верчу педали своего «Орлёнка»,
Широкий путь залит сияньем звёзд.
Приводит он меня в покинутый край детства,
Я вижу домик белый на пустом дворе,
С порога мне отец протягивает руку.
Вхожу – как пахнет сдобным вкусным тестом!
Из зеркала глядит лицо ребёнка.
Но что за озорство! Вдруг зеркало разбил...
От жизни всей остались лишь осколки.

ЕЩЁ!

Я не прошу «ещё!» – лишь то,
Что мне положено по праву:
Два глаза – видеть путь, и ноги –
Извилистые тропы одолеть.
И стол большой, чтоб по Субботам
Пустого места не было за ним.
Нужна кровать, на ней жена,
Чтоб вместе радоваться детям.
А в доме нужно мне окно –
И в нём прямоугольник неба,
И дверь – впускать кота домой,
Когда с гулянки он вернётся.
Сосед, который как и я,
Не ждёт «ещё!» – свою лишь долю.
Листок бумаги нужен мне
Не для стихов – повсюду я
Благословенья письмецо
Пошлю друзьям и незнакомым.

ЧТО ПОДАРИТЬ ЛЮБИМОЙ

Рае

Хотел я подарить тебе сонет,
Но лучшие слова поэты
Вплели давно в стихи свои,
Занять у них хоть слово мне негоже.
Боюсь я этим исказить твой образ, любимая моя.
Я вспомнил вдруг о розе красной – той,
Что расцвела сегодня в садике моём.
Тот куст я сам когда-то посадил.
И, может, есть немного моего
В очарованье красного цветка.
«Неправда, – кто-то произнёс над ухом, –
Ни капли твоего здесь нет.
То был не ты, кто птичью песнь любви
Здесь до рассвета пел, и кровью сердца
До последней капли
Не ты окрасил каждый лепесток».
Ах, да! Припомнилась мне сказка,
Что старый Андерсен поведал нам.
Так что мне остаётся? Слов – нет,
А роза красная с куста напоена
Другой большой любовью...
Есть поцелуй!
В молчании глубоком розу я сажал,
Растил, оберегал своим дыханьем.
Тебе дарю я поцелуй, любимая моя.

НЕЛЬЗЯ ЖЕЛАТЬ ЛЮБИМЫМ
ВЕЧНО БЫТЬ

Нельзя желать любимым вечно быть,
Звезда взойти не может в свете дня.
Мечты и сны рисуют образ дивный,
Что с пробужденьем меркнет, уходя.

И жить нельзя, желая вечно жить,
Ведь солнца луч слепит пока день ясный.
Велик наш глаз, но мал его зрачок,
И стынет в зеркале взгляд страстный.

Сгорел волшебный Феникс от любви,
Любовь его из пепла возродила...
Нельзя желать любимым вечно быть,
Но верить хочется – не всё в мечтах лишь было.

ИСПУГАННАЯ ЗЕБРА

В уютной комнате ночная тишина,
Сквозь щели в шторах на окне высоком
Заглядывает любопытный
Глаз – фонарь.
Как острым электрическим ножом,
Он полосами света разрезает
Ночную темень и покой –
На черное и белое.
Вот бело-черная стоит передо мной
Задумчивая зебра,
Прислушиваясь к уличному шуму:
К гудкам тревожным амбуланса,
К шагам спешащих поздних пешеходов,
К кряхтенью дерева,
Склонённого под грузом лет,
К звонкам трамваев,
Что дневную суету
Увозят в парк
С трезвоном...
Я на пороге комнаты,
Сейчас уйду,
Уж поздно – спать пора.
И вдруг я вижу – из угла,
Из-под большого кресла
Два глаза на меня глядят,
Испуганно моргают.
Исчезла зебра...
Догадываюсь – это я
Пришёл сюда из детства
И дрожу от страха.
Отчего?
Я по совету моего отца
Остался в тёмной комнате один,
Чтоб поскорее храбрым парнем стать...

ВЕКА ВЕСЬ МИР НЕ ХОЧЕТ НАС ПОНЯТЬ

Века весь мир не хочет нас понять;
Встаёт вопрос – а нужно ли нам это?
И хватит биться головой о стену,
Хотя бы даже и о Стену Плача?
Сегодня миру святость не нужна,
Как, впрочем, сотни тысяч лет назад.
Стремглав несутся племена, презрев
Духовный труд во имя Б-га...
А Б-г молчит, украдкой лишь, смиренно,
Слезу смахнёт, сентиментальным жестом.
И всё ж, вопрос – нам нужно пониманье,
Коль мы порой себя понять не можем?
Ответ пришёл от предков, как укор:
Храните Тору – поколений связь.

ЙОМ-КИПУР

Закрыты глаза. Будто смотрит он вглубь –
Мой дедушка в талесе в тихом углу.
Качаясь в экстазе, усердно и страстно,
Молитву бормочет себе он под нос.
Мне слов не понять и немножечко страшно.

Асе́рес-хади́брес* – извечны запреты.
Наш крик при рожденье и выдох предсмертный...
Весь жизненный путь – будто узенький мост,
Подвешен он между землею и небом,
И я здесь в серёдке, а где ещё мне быть?

Почти не дышу. Весь в себя погружён.
В висках так стучит, будто скачет там конь.
Конец ли, начало ли – разделено
Прошедшее с будущим узким барьером,
Стеклянной стеной – так уж Б-г нам отмерил.

Сейчас свой шофар дед к губам поднесёт –
Прочёл уже «Нилэ»** – пришёл новый год.

---

* *Асерес-хадибрес – десять заповедей*
** *Нилэ – заключительная молитва Йом-Кипура, после которой вступает в силу новый год.*

ОБРУЧ

Я мальчик,
Гоняю обруч,
Которым бондарь Мойше, наш сосед
Позволил мне играть до темноты.
Мой обруч я качу,
Его рукой я направляю,
Слежу, чтобы ни камушек, ни ямка
Ему не попадались на пути.
Вдруг обруч развернулся
И вырвался из рук.
Он в закоулок тёмный
Помчался, убегая от меня.
Бегу за ним,
Хочу его поймать,
Им завладеть и повести опять.
Тут обруч падает,
В объятья заключает пень –
Остаток дуба старого...
Я много лет спустя узнал,
Что мастерили бочки лучшие –
Из дуба.

ДВЕ ОРХИДЕИ

Две орхидеи – две невесты-лесбиянки –
Своею чистотой тревожат грешный дух –
Не вижу красок – лишь зеркальный отблеск
Забытой дальней сказочной страны.

В своих мечтах витаю я в раю,
Себя воображаю певчей птицей,
Купаюсь там в пыльце цветов душистых,
И жажду утоляю их нектаром.

Когда же ночь прохладная настала,
Готов я был в восторге петь и плакать...
Лилит* разоблачила суть игривой лжи,
Безжалостно обеих в плен взяла.

Лилит – Демоница-соблазнительница в еврейской мифологии

ЧТО Я ИЩУ

Что я ищу
          В чужих краях, в далёких городах,
Средь башен их, воздетых к небу,
          Подобно вавилонской,
Ввысь устремлённых, как в былые дни,
          Не для того, чтобы постичь завет,
А только, чтоб оторваться от земли
          Повыше?

Что я ищу
          На континентах дальних
В тех муравейниках людских,
          Где повседневные заботы и печали
 Зажали всех в тиски свои,
          А люди говорят на человечьих языках,
Но, как и прежде, не способны
          И не хотят друг друга понимать?

Что я ищу
          На белом свете
Когда я сам себя изгнал из рая,
          Уехал вдаль от милого порога,
Где до сих пор, отмытые до блеска,
          Мальчишку-непоседу ждут галоши,
В которых он по грязи в Бельцах шлёпал...
          Что я ищу, кто мне ответит?

РАЗМЫШЛЕНИЯ ОБ ИЗМЕНЕНИИ КЛИМАТА

Два мойщика окон
Как будто бы в танце,
И тёрли, и драили
Стёкла до глянца.
Две чёрные грации
В жарком Судане
Качались ритмично
Под звуки там-тама.

Тут льёт беспрерывно –
Раскисли дороги.
А там – солнце жарит,
Как на сковородке.
Полмира залито,
Полмира сгорает,
Эксперты всё спорят,
Да что они знают?!

Ну чем провинились
Две грации эти,
Что лёд убывает
В Антарктике где-то?
В пути меня ливень
Опять задержал.
Эффект потепленья,
Меня ты достал!

УРОК ГЕОГРАФИИ

Ему хорошо, как в материнском чреве.
(Еврейская поговорка)

Израиль – так звался мой папа,
И я ещё долго не знал,
Что Израиль – такая страна,
И дальше она чем Карпаты –
Мне казались они краем света!
Я теперь разбираюсь в картах,
И Израиль легко там найду.
Но давно нет на свете папы...
Лишь стоят, как прежде, Карпаты,
И оттуда приходят к нам,
Как в давние те времена,
Ужасающие рассказы
О вампирах и вурдалаках.

Генэндл – зовут мою маму,
И давно уже мне известно –
Есть райский приют – «Ганэйдн»,
Но не знаю я, где это место.
Я спросил у почтенного старца,
Что премудростью славен своею:
«Скажи, существует ли карта?»
Старик подумал мгновенье,
И тихо, словно в распеве,
Сказал:
«Сынок, ты забыл – сей приют
У мамы – Генэндл – во чреве».

БАЛЛАДА О ВСАДНИКЕ

Вдвоём мы с тобой забрались
В неведомый мир. Не найти
Ни гор, ни морей, ни долин,
Не встретили звёзд мы в пути,
Тех звёзд, что сулил народу
Творец в стародавние годы.

Лишь мы с тобой ключ храним –
Открыть заветную дверь,
Ведомы заданьем одним –
Дойти до неё теперь.
Не каждый встретит в Раю
Земную любовь свою.

Размером зелёный лужок
С постель короля, а он,
Закованный в латы, далёк –
В крестовый поход устремлён.
«Марго де ла Руж, не горюй!
Я взял с собой твой поцелуй!»

Вытоптан луг – не узнать –
Неистовых всадников след:
«Любимую покидать
Не следует, мсье Альфред».
Не каждый встретит в Раю
Земную любовь свою.

Эпохи приходят на смену.
Основа для всех – пьедестал –
По сути, всегда неизменна:
«Ушла ваша власть, генерал!»
И вот по ступеням в сугроб
Летит голова – гоп, гоп...

Так в вечности всадник бродит
Меж временем и пространством.
Он истины не находит,
Усилья любые напрасны.
Не каждый встретит в Раю
Земную любовь свою.

Борис Аронсон, «Шма Исраэль»

КОГДА БЫ Я МОГ...

Когда бы я мог смыть с лица своего
Той самой водой из реки моей жизни
Весь пот и всю грязь, что пристала с годами,
Я радость за пазухой скрыл бы в кульке,
Чтоб сладкие ядрышки завтра посеять.

Я свежестью утра умыт, обновлённый,
Простёрлась долина, знакомая с детства,
Пастух мош Кирике* пасет своё стадо,
В нем козы и овцы... Евреи и гоим**
В овчарню за брынзой и урдой*** пришли.

Различия нет меж еврейским и гойским,
Единая суть — все мы дети Адама,
Хоть суть и едина — молитвы разнятся,
Вот здесь пролегает граница, межа,
Козлёнок пасхальный****, кровавый навет...

Река моей жизни несёт свои воды,
Грехами запятнаны, кровью невинной.
И скрылась долина, с ней стадо Кирики...
....
И мне в те же воды войти не дано.

Мош Кирике (рум.) – дядюшка Кирике
**Гоим (идиш) – не евреи*
***Урда (рум.) – сорт мягкой брынзы*
****Ссылка на «Хад Гадья», традиционная песня и Пасхальной Агады*

Я СЕГОДНЯ УНЁС
С СОБОЙ В ДЕНЬ

Я сегодня унёс с собой в день
Твоих ласковых рук тепло,
На лице моём поцелуй,
Овевает его ветерок.

Те слова, что шептала ты мне –
В своём сердце я схоронил,
Чтобы в тайны наших ночей,
Не дай Б-г, никто не проник.

Я в нагрудном кармане моём
Молитвы храню твои.
В суете повседневной тайком
Нахожу утешение в них.

Так поддержка твоя помогла
Одолеть все невзгоды дня,
А усталость, что в дом я принёс,
Ты, любимая, снимешь с меня.

МЁД

Твой пот, будто капли мёда,
Язык ощущает мой,
Мой голод, моё блаженство
Тебя обовьёт змеёй.

Хоть знаю, что горек твой мёд –
Есть сладость отравы в нём,
Твой улей я берегу,
Тобою пленён, опьянён.

Рассудка лишился я –
С ума ты меня свела.
Разит блаженства змея,
Как пятку Ахилла – стрела.

Я выжил, хоть был повержен
Красой этой несравненной,
Той самой, что грек великий
Назвал Прекрасной Еленой.

ТОЧКА ПЕРЕСЕЧЕНИЯ

Идём мы навстречу друг другу с тобой
Без шума, восторгов ненужных, упрёков.
Идём – так начертано нашей судьбой,
Не прячем достоинств своих и пороков.

Коротким иль долгим окажется путь,
Нельзя нам пройти его наполовину.
Разрублена связь – скрыта тайная суть,
Лишь знак нам оставлен, как след пуповины.

Тебе всё знакомо в пути небывалом,
Созрел уж давно и обжился здесь ты,
А я ещё зелен, хоть лет мне немало,
К чему эти годы – сгорели мосты.

Обратной дороги ведь нам не дано,
А эта – в пыли и камнях, так трудна.
Расплавился мозг, сердце сжалось давно.
Останется только молитва одна...

Идём мы навстречу друг другу без слов –
Ты – завтрашний «Я», я – вчерашнего дня,
Весь путь мы пройдём, приговор наш суров.
Сегодня ведь есть про запас у меня.

ЗВЁЗДОЧКА

С детских лет ко мне страхи приходят в ночи
И приносят с собою тревожные сны.
Я пленен, меня бьют, как раба, палачи,
Моё тело в пучину летит с вышины.

Крик нездешний внезапно пронзает мой мозг,
Из краёв разорённых сюда долетает.
Будто пальцем манит он, зовёт за порог,
Вдаль, за грань, в неизвестность меня приглашает.

Метеор – моё тело, осколок, летящий
От заброшенной, старой планеты далёкой,
Устремляется вниз – за собой что-то тащит,
Это что-то – бесчувственный я, ослеплённый.

Ах, когда бы я мог удержать хоть виденье –
Трепет крошечной звёздочки, луч её света,
Не напрасно безумное было б паденье –
Свою жизнь оплатил бы я звонкой монетой.

ВЕКА СПЛЕТАЕТ ВЕТЕР ВОЕДИНО
КАТАЛОНСКИЙ ВЕНОК

МЕЖ НЕБОМ И МОРЕМ

Лазурь. Играет ветер в белых парусах,
Над Средиземным морем их качает.
На струнах арф мелодией старинной
Века сплетает ветер воедино;
Повсюду аромат олив витает –
И горечь времени проникла в небеса.

КАДАКЕС ДАЛИ

Над Пиренеями нас Цербер охранял
В извилистых испанских серпантинах –
Мы едем в Кадакес дорогой длинной.
Надев на кончик уса кисть, как гильотину,
И глаза остроту – в невиданных картинах
Дали и время, и пространство расплавлял.

КОЛЬЮР — КОЛЬ-ОР

Художники давно искали здесь секрет
Божественного сплава воздуха и света
И красной черепицы всполохов живых
В суровом обрамленье древних стен седых.
«Кольюр» – меняю на «Коль-ор»* названье это,
И синий водный окоём мне шлёт ответ.

---

* *Коль-ор (ивр. כל־אור) — весь свет*

ДУХ ГАУДИ

В старинной Барселоне храм Семьи Святой
Бессмертный Гауди соорудил.
Значительности всё исполнено такой,
Как будто сам Творец водил рукой
Того, кто в камне это воплотил.
Дух Гауди здесь омывается росой.

САЛАМАНДРА

Здесь в Гуэль-парке саламандра поселилась.
Вся радужной мозаикой сверкая,
Грозит прохожим, высоко задравши хвост,
И заржавелую грызёт земную ось,
Не шелохнувшись, глазом не моргая –
Бессмертья своего она уже добилась.

БАРСЕЛОНА — БАР-ШЕЛ-ЙОНА

Недавно я прочёл, что Барселона,
Так напечатано в старинной книге,
Что при сефардах издана в Мадриде,
Зовётся в честь еврея Бар-шел-Йона.

Блуждают годы, будто бы в тумане,
Повсюду в небеса возносятся кресты,
Сефардов нет, они рассеялись, как дым...
И селятся теперь здесь мусульмане.

У ХРАМА SAGRADA FAMILIA

Вознёсся к небу островерхою короной
Семейства Ешуа-Ганоцри храм-оплот.
Звучала в роскоши и камне «аллилуйя»,
Сплетаясь из молитв, грехов из рода в род.

Здесь я, к скитанью вечному приговорённый,
Застыл, прикрыв от солнца голову рукой,
В небесной синеве искал священный образ,
И ослеплённый я стоял под каменной стеной.

Одна стена – единственное, что осталось
Изгнаннику-народу в тягостной судьбе...
Он не имеет устремленных в небо храмов,
Хранит лишь трепет Слова первого в себе.

РАЗРЕЗАЛ БЕЛЫЙ ЛАЙНЕР ГОРИЗОНТ

КАРИБСКИЙ КОКТЕЙЛЬ

* * *

Рассвет проснулся, как всегда, в урочный час
Меж губ, двух дуг багряных – небо-море,
Просунул кончик языка, чтоб день отведать.
Дрожали тонкие лучи в просторе,
Стыдливо облака, не поднимая глаз,
Слизали с них слетающие крошки меди.
Разрезал белый лайнер горизонт.

* * *

Негромкий голос в глубине кафе звучит,
С ним трио: пианино, бас и барабан;
Как пузырьки, в пространстве блюз витает.
Луи Армстронг – мерцанье света сквозь туман –
Над модой в музыке он до сих пор царит,
И хрипотца в холодном виски тает.
На жемчуге зубов висит улыбка.

* * *

Мальчишка замок из песка сооружал,
Но волны размывали стены шаловливо –
Так повелось уж с незапамятных времён.
Ребёнок этого не ведал, терпеливо
Всё строил заново и башни подправлял,
Весёлую игру затеял с морем он.
Благословенно детское упорство!

* * *

На пляже карибском сверкала вода необычно, мой глаз
Сквозь тоненький лучик-соломинку дивный
                                        коктейль поглощал,
Который игрой золотистых огней опьянял всё вокруг.
В словесной палитре такие цвета я напрасно искал...
Негаданно, как привидение, чайка вверху пронеслась,
Иль бросилась с неба в пучину луна, обезумевши вдруг.
И краски угасли, впитались в прибрежный песок.

* * *

В водовороте давней юности моей
Запал мне, не спросившись, в сердце - звук;
Он музыку из глубины души извлёк.
Под тихий пиццикато скрипки перестук
Напиток этот долго пью из чаши дней.
Измялось ухо, увядает, как цветок.
Но фальшь в игре я чутко различу.

* * *

Из жарких стран, наверно, танец привезён;
Воспламеняет он воображенье чётким,
Задорным стуком каблуков ритмичным.
Секрет названья огненной чечётки
Я понял, ощутил на вкус, когда был обожжён
Язык мой острым перцем необычным.
Зовётся этот жгучий танец – «халапеньо»!

* * *

Манил названьем дивным ресторанный зал,
Дурманил пряный дух, желанье пробуждал,
И блюда острые язык мой обожгли.
Я кухни азиатской волшебство познал –
Всю ночь меня будили девичьи глаза,
В страну, что «Тамаринд» зовут, меня вели.
Ведь этот яд мне принесла она.

* * *

Вода упорно ищет щёлочку в стене,
За каплей капля рьяно точит камни,
Нащупывает путь к освобожденью.
Я чувствую себя пропавшей каплей,
С невеждой коль случается столкнуться мне.
Я знаю – лишь в одном найду своё спасенье –
Язык родной останется со мной.

* * *

Висели маски в сувенирном магазине
И завлекали покупателей случайных,
Но всех отпугивала их дороговизна.
Из нас не всякий лицедейство привечает
И по достоинству оценит и воспримет.
В круговороте повседневной жизни
Ценились слишком высоко гримасы.

НА ДУДОЧКЕ ЕВРЕЙСКОЙ

(НАРОДНЫЕ МОТИВЫ)

Иссахар-Бер Рыбак, «Клезморим»

ВОЛЬНАЯ ПТИЦА

Дождик сердится, обижен
Бесконечно слёзы льёт...
Жалуется он на крышу,
Всем покоя не даёт.

Крыша чем не угодила? –
Стар и мал бы знать хотел –
Этот дождь, такой нудила,
Он ужасно надоел.

Рассердился даже ветер
Тучи разогнал метлой.
Крыша рада, солнце светит,
И вернулся к ней покой.

А над крышей чёрной кошкой
Вьётся из трубы дымок.
Кошке молочка бы плошку,
Масла вкусного кусок.

Мир никак не наглядится,
Водостоки все трубят.
Хорошо быть вольной птицей –
Слёз не льют и не нудят.

ПУТАНИЦА

Самый лучший наш сапожник –
Старенький портняжка Лейзер.
Он у нас отличный плотник,
Шьёт он шапки, как художник,
Продаёт их на базаре,
Берлу-шляпнику на зависть,
Бер известный балагула*,
Хочет он, как шорник Шмулик,
Печи класть из кирпича,
В них пекли бы кренделя,
Чтоб верёвочник Рахмил
Кнут из них соорудил.
Тут явился клезмер Липка,
Он играет на кларнете,
У него под мышкой скрипка
В запечатанном конверте.
В небе кошки – не к добру –
Рыбы не поймать в лесу,
Все деревья в речке рубят,
«Караул!», – они кричат,
Этот мир скатился с рельсов,
Лодки по полю плывут...
Сочинять не интересно –
Песни денег не дают.
Пил вино, но оказалось,
Это был сплошной обман,
Правил я воздушным замком,
Просто был, как муха, пьян.

---

* Балагула – еврейский извозчик.

ЦЕПОЧКОЙ ВЬЮТСЯ ДНИ

Цепочкой вьются дни,
Вчера – сегодня с ним.
Мальчонка убежал,
И двор пустынным стал.
Двор заменял весь свет,
Чего там только нет:
И тёплая избушка,
И козочка – резвушка,
Бубенчик у трубы
Будил его мечты.

Цепочкой вьются дни,
Сегодня – завтра с ним.
Так парень молодой
Расстался со страной.
Чтоб повидать весь свет,
Найти, чего здесь нет:
Подругу на весь век,
Ту, что милее всех,
И ключик золотой
От двери потайной.

Цепочкой вьются дни,
Сегодня – как в тени.
К забытому порогу
Пришел старик убогий.
Он растерял весь свет,
Желаний больше нет,
Лишь где-то в вышине
Бубенчик зазвенел,
Напомнил, что мечты
Развеялись, как дым.

КАРМАНЫ

Нужна мне уйма карманов
На скромной моей одежде,
Хранить я в них буду будни
И праздничные дни.
Дни так иногда тяжелы,
Что вдруг обрывают карманы;
Сделать в карманах дыры? –
Нет, жаль потерять денёк.
Приходится мне изгибаться,
Рыть твёрдую землю носом.
Так долго я землю рыл,
Что в ней я выкопал яму,
Залил эту яму дождь –
Лились проклятья и злоба;
А злоба горела огнём,
И стало тепло вокруг,
Цвели кусты и деревья,
Хорошего жду урожая.
Из ягод сварю варенье
И злость им буду гасить.
Проходит жара, холодает,
И птицы на юг улетели,
Зима наступает уже.
Зима приходит со снегом,
Варю я снежные клёцки
Храню их в своих карманах...
Как славно, когда на одежде
Уйма карманов разных.
Коль нету такой одежды,
Купите простой мешок.

О ЗНАЧЕНИИ ГОЛОВНОГО УБОРА

Шапка – вам не просто вещь –
Голову прикрыть
В холод, в зной и в непогоду,
Или модным слыть.

Шапка – это пропуск в свет,
Встретят вас по ней.
Носит кипу – всем шалом!
Ясно, он еврей.

Коль надета кепка набок,
Подпоясана рубаха,
Сразу же тебя узнают:
«Это наш товарищ Яков».

Нарядились в канотье
И приталенный пиджак,
Вас не спутаешь, месье,
«Бон суар, приятель Жак!»

Нахлобучили тюрбан
И остригли чуб –
Вылитый теперь султан,
«Ассалям, Якуб!»

На коне в ковбойской шляпе
С пистолетом человек.
Сразу видно – не растяпа,
Это бравый парень Джек.

Важно, что на ней надето –
Кепи, шлем иль пирожок –
При условии, что это
Голова, а не горшок.

НЕ ДО УМА

Левая рука сказала:
«Я отныне буду правой!»
Левая нога сказала:
«Я с сегодняшнего дня
Буду топать лишь направо».

Тут глаза переглянулись:
«В чём различье, что шуметь,
Только бы не окосеть!»

Перешёптывались уши:
«Страха нет у них, послушай,
Ни досады, ни стыда!»
Нос наморщился: «Чем пахнет?
Намечается скандал!».

Рот молчал, сомкнувши губы,
Зубы запер - не разжать.
А язык наружу рвётся
И вопит: «Хочу сказать!»

Одинокий ум вздыхает,
У бедняги - никого.
Не купить его за деньги,
И не выпросить его!
Ум вздыхает, засыпает...
Ищут? Нет! И так хватает.

ПРАВИТЕЛЬ ХЕЛОМА

В Хело́ме был правитель,
И был он очень умён.
Туфли с пряжками справить
Велел своим слугам он.

Туфли из чистого золота
Важный правитель носит.
Послали телегу в Лондон –
А может, в Константинополь.

В Хеломе знатная грязь,
Чтоб в туфлях ходить хороших,
Слугу шлёт правитель опять –
Купить к этим туфлям галоши.

Галоши на туфлях из золота
Важный правитель носит.
Послали телегу в Варшаву –
А может, в Константинополь.

Чтоб золото люди все видели,
Галоши дырявят сверху.
Иначе будет правитель
Совсем, как простой смертный.

В Хеломе ливни льют часто,
Сквозь дыры вода проникает,
Стонет правитель несчастный,
Пальцы его промокают.

Но золота блеск сохраните –
В ненастье, в раскатах грома, –
Послал наш грозный правитель
Телегу в Москву за соломой.

Слуга с соломой примчался,
Заткнули все дыры на славу.
Простой народ потешался –
Правитель в лаптях – вот забава!

Иссахар-Бер Рыбак, «Хелом»

ДВОРНИК

Не знаю я, снегом ли всё занесло,
Спрошу-ка у дворника – он до упору
Весь двор и всю улицу чистит метлой,
И город упрячет под снежную гору.

Наутро машины приедут к горе –
С трезвоном и гамом – команда большая.
Начнут разгребать, увозить этот снег,
В горе и метро, наконец, откопают.

Там мчатся туда и сюда поезда,
Одним из них правит наш дворник умело.
Теперь – машинист и метлу он продал,
Нашёл себе дядя достойное дело.

Он сделал карьеру, ему повезло,
Соседи о нём говорят: «Слава Б-гу!».
Но жаль, что не знаю теперь, как назло,
Кого мне спросить, занесло ли дорогу.

О ПОЛЬЗЕ НОСИТЬ ЗЕЛЁНЫЕ НОСКИ

Купила мне жена
Носки на праздник.
Но необычная покупка эта.
В чем суть?
— Ну хоть убейте —
Не секрет:
Они зелёного ведь были цвета!

Зелёные — как травка
На рассвете,
Умытая росой;
Как пташки две,
Что горлышко полощут
Звонкой трелью;
Зелёные, как крокодил,
Что прячет злобный хвост
В зелёных огурцах.
Так ягодки крыжовника с куста
Посыпались в зелёные мешки.
А ящерка зелёная
Мелькнула в камышах
И разбудила там
Квартет квакушек звонкий.

И я зелёный, со своей грин-картой,
Зелёная и та кузина Марта,
Которую в известном водевиле
Прославил Горовец Эмиль.
Зелёный, крепкий, мощный мистер доллар
Повсюду демонстрирует свой гонор.
И без «Гринписа» будет вся земля в порядке,
Когда красивые зелёные носки
Я преспокойно натяну себе на пятки.

ЗЛЫЕ ПТИЦЫ

Злые птицы вереницей
В штетл прилетали,
В штетл прилетали,
Там на всех один сапожник
Сапоги шил, как художник,
Те его украли.
Плачут люди: «Что же будет,
Сжалься, милый боже!
Босиком зимой ни шагу,
Сделать мы не сможем!»

Ребе учит: «Ша, не плачьте,
Я скажу, что делать:
Протопить, пошить всем тапки,
И во двор не бегать».

Злые птицы вереницей
В штетл прилетали,
В штетл прилетали,
Там единственный портняжка
Всем строчил штаны, рубашки,
Те его украли.
Плачут люди: «Что же будет,
Сжалься, милый боже!
Нагишом мы в дождь промокнем,
Кто же нам поможет?»

Ребе учит: «Ша, не плачьте,
Я скажу, что делать:
Всяк мешок пусть заготовит,
Чтоб нагим не бегать».

Злые птицы вереницей
В штетл прилетали,
В штетл прилетали,
Там один горшечник ловкий
Всем справлял горшки и плошки,
Те его украли.

Плачут люди: «Как нам быть,
Что же с нами будет?
Из чего нам есть и пить,
Коль побьём посуду?»

Ребе учит: «Ша, не плачьте,
Догадайтесь сами:
Было бы у вас, что кушать,
Ешьте всё горстями».

Злые птицы вереницей
В штетл прилетали,
В штетл прилетали,
Там один скрипач отрада,
С ним и в горе, с ним и в радость,
Те его украли.
И в местечке стало тихо,
Только козы блеют.
Ребе песенку мурлычет
Грустно, как умеет...

ПЁС И БЛОХА

На шкуре у пса поселилась блоха,
А пёс разозлился, покой потерял,
Как лев обезумевший, рвался, вздыхал,
Вертелся волчком, что есть мочи рычал.

Блоху удивил столь сердитый приём,
Она никому не желала здесь зла –
Зима уже близко, тепла нет и днём,
Согреться у пса в тёплой шкуре могла.

Не ждал пёс лохматый незваных гостей.
К тому же, кусает, блоха будто зверь.
Он зол, он мечтает расправиться с ней,
Её на куски разорвёт он теперь.

Собрал пёс все силы, махнул он хвостом,
Прогнал самозванку – победа. Герой!
Хотелось, чтоб кончилось дело добром,
Но в жизни иначе бывает порой...

БАЛЛАДА О СКВОРЦЕ

Жил скворец, себе место искал,
Не нашёл – был тот выбор не прост,
Рельс стальной перед ним засверкал,
Вёл тот рельс в направленье «норд-ост».

Не сушил он мозги, как умел,
Распушил свой жилетик и хвост,
Встал на рельс, во всю мочь засвистел –
Рельс ведёт его к цели – «норд-ост».

Вдаль стальная дорожка бежит –
То сквозь зной, то сквозь лютый мороз.
«Поскорее, – сердечко стучит! –
Не сойди с направленья «норд-ост».

И не ведал наш гордый скворец,
Что навстречу, минуя объезд,
Мчится поезд в обратный конец –
Он летит в направленье «зюйд-вест».

ВПЕРЁД, ХАБАД!

«Я еврей?»
«Еврей!»
«А ты кто?»
«Я китаец».
«Из Пекина?»
«Из Мадрида».
«Что, в Мадриде есть китайцы?»
«Да, как видишь...»
«А в Пекине?»
«А в Пекине Мао Глейзер –
Замечательный еврей».
«Что же слышно там, в Мадриде?»
«Что конкретно, не понять,
Говорят все на иврите!».
«Что же делают китайцы?»
«А китайцы рис едят,
Как ведётся спокон веку...»
«Что, в Пекине?»
«Нет, в Багдаде».
«Что, в Багдаде есть китайцы?»
«Там живёт теперь реб Шлоймэ,
Он приверженец хабада!»
«Что же слышно там, в Багдаде?»
«Что конкретно, не понять,
Там сейчас палят из пушек».
«Что же делают китайцы?»
«Лопают китайцы утку,
Как ведётся спокон веку...»
«Где, в Багдаде?»
«В Тель-Авиве,
На рехове* Дизенгоф
Проживает Иванов».
«Но причем же здесь китайцы
И в Багдада и в Мадриде,
Что едят там утку с рисом
И лопочут на иврите?»

«Мой приятель Иванов
Служит ребе в Украине,
Так же, как и Мао Глейзер
Это делает в Пекине!»
«А реб Шлоймэ из хабада,
Уважаемый твой дядя,
Он останется в Багдаде,
Там, на радость всем врагам?»
«Ты о нём не беспокойся,
Нам бы всем судьбу такую –
Обращает он арабов
И справляет им гиюр[**]».

Воцарится мир на свете,
Как видение из снов,
Приближают время это –
Мао, Шлоймэ, Иванов.

Роберт Фальк (1886-1958)

---

* *Рехов (иврит) – улица*
** *Гиюр (иврит, сленг) обращение нееврея в иудаизм*

ПУСТЫЕ МЕЧТЫ

Пустые мечты бродят ночь напролёт,
По крышам дырявым ступают,
Орут под окном, будто кошки весной.
Дрожит стол трёхногий с бутылкой пустой –
Она дребезжит так, что сердце сжимает.

Пустые мечты в переулке пустом,
Как дырка от бублика, вьются,
Романсы поют водостоки им в такт,
Здесь душно, и потом вся ночь облита,
И гулкие звуки в мозгу раздаются.

Гремит барабан, барабанит вовсю,
Стучит на весь свет без умолку,
Что дырку от бублика кошка стащила.
Стол рухнул, пустая бутылка разбилась,
И сторож на вахте проснулся с двустволкой.

От страха он в воздух пальнул из ружья,
Дымок из трубы разогнал.
По небу размазало дым, как икру.
Луна ветерку подмигнула, к утру
Пустые мечты ветерок размётал.

1. МОШЛ-КАПОШЛ*

Вот Мошл-Капошл –
Что это такое?
Наверное, птица,
А может, цветок,
Его лепестки
Распушились и скоро
Умчатся куда-то,
Совсем, как цыплята,
За мушками с писком.

Нет. Мошл-Капошл,
Конечно же, зверь
Свирепый и злобный
С оскаленной пастью.
А может быть, даже и монстр,
Вампир,
Крадущийся ночью
В закрытые двери.

А вдруг эти двое,
Капошл и Мошл,
Явились сюда
С неизвестной планеты...
Оттуда они
Принесли свой язык.
Понятен он тем,
Кто к нему там привык.
Выходит,
И бабушка тоже оттуда,
С далёкой планеты
Спустилась и чудо
С собой прихватила –
Свой странный язык?

_____

* _Мошл-Капошл – реакция на неадекватное высказывание собеседника_

2. ХЕНДЕМ-ПЕНДЕМ*

Хендем-пендем
Одноногий
Скачет быстро
По дороге
И свистит, как паровоз,
Ни с того и ни с сего.
Через города и веси,
Не удержится на месте.
Я спросил:
«Куда спешишь?
На пожар?»
Но Хендем-пендем
Лишь свистит
И быстро скачет –
И ни слова
Мне в ответ,
А за ним –
Весь белый свет.
Я стою и размышляю:
То ли все сошли с ума,
То ль мне клепки
Не хватает?!**
Ну, а что тут
Размышлять?
Скачут все –
Начну скакать,
Все свистят –
Я вместе с ними,
Мозг не стану
Напрягать!

---

* Хендем-пендем - со всех ног, без оглядки
** идиома «не хватает клепки» характеризует недоумка, глуповатого человека

3. ЭЙСЕХ-ВЕЙСЕХ*

Эйсех-вейсех
Кто такой?
Механизм я заводной,
Всем пружинка
Верховодит –
Только лишь её заводят,
Что угодно, я творю –
То стираю, то варю,
А прикажут мне
Стрелять –
Эйсех-вейсех –
Я солдат,
Мне не надо
Размышлять!
То ли мне кричать «Ура-а-а!
Выступать уж нам пора»,
То ль шептать:
«Сидите тихо,
Как бы не
Накликать лиха...».
Да, я Эйсех-вейсех, да...
Я верчусь туда-сюда,
Буду делать, что хотят –
Я ведь просто автомат.
День и ночь
Часы стучат,
Мне положено –
Вертеться.
Всё пойдёт у нас чин чином,
Важно только,
Чтоб при этом
Вдруг не лопнула пружина,
Не разорвалась, как сердце.

---

* Эйсех-вейсех (идиш) – поди знай, кто знает

www.ingramcontent.com/pod-product-compliance
Lightning Source LLC
LaVergne TN
LVHW052032080426
835513LV00018B/2287